文化石湫

江南文化名镇石湫

高 风 编著

南京大学出版社

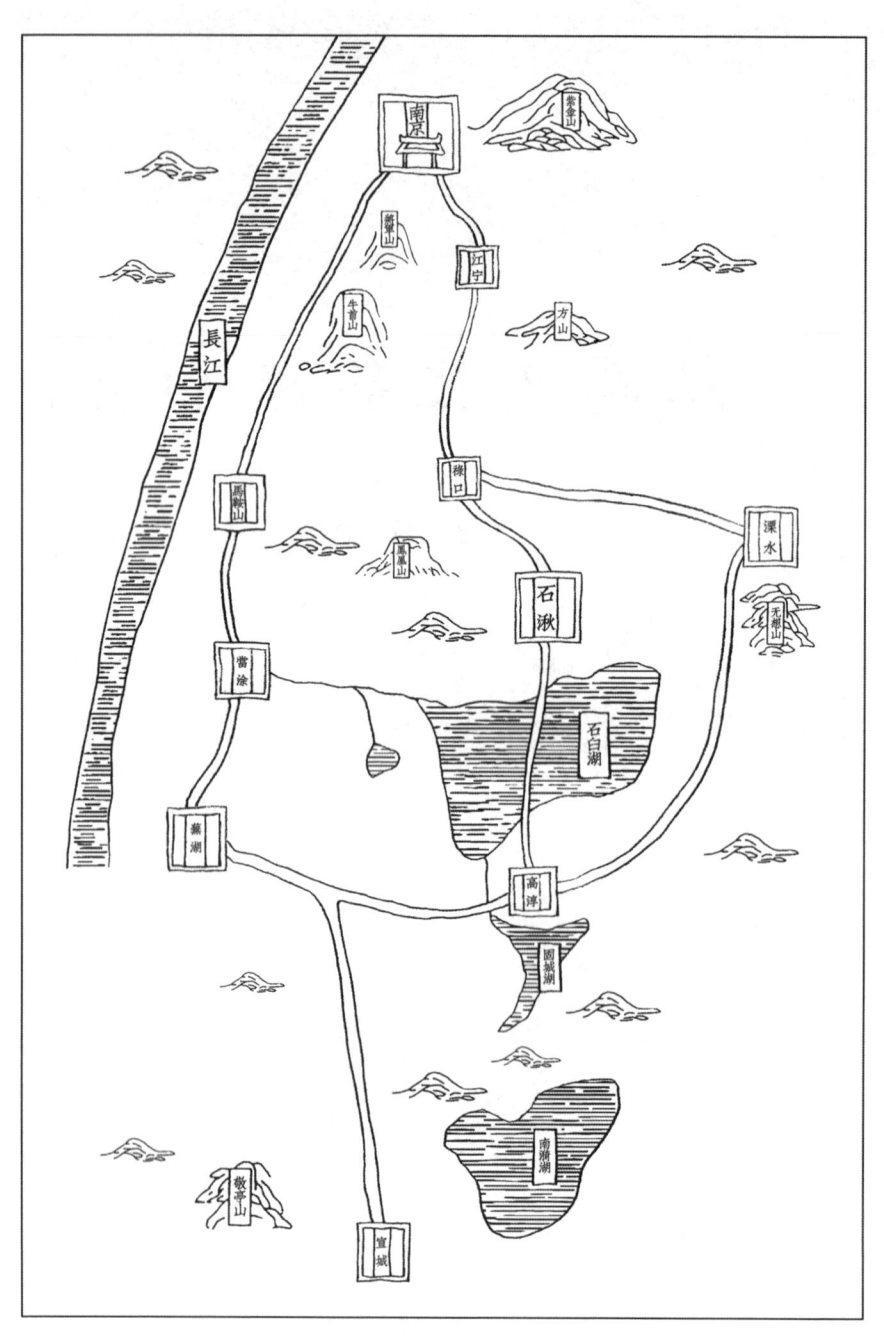

石湫古风示意图　高春　绘

目录

序言一 / 宋林飞......001

序言二 / 樊　斌......005

前言......001

石湫街道的前世今生......001

从"丹阳大泽"到石臼湖......006

孙锺种瓜・孙锺井・国太银杏......017

石湫的状元、探花情缘......024

　　一、俞栗......024

　　二、焦竑、顾起元......027

　　三、韩敬、钱谦益......032

石湫古寺......035

　　一、千古南风思正高——上方寺......035

　　二、客梦梨花夜雨初——明觉寺......047

石湫古村落......060

　　一、端祥村・儒席久珍瑚琏器——子贡后人......060

　　二、老虎头村・青睐会是阮步兵——阮籍后人......066

　　三、谢家村・正是东山再起时——谢安后人......069

　　四、端秦村・横阳秦氏旧家声——秦琼后人（附齐泰）......074

琛山望湖......080

　　一、闵派鲁、林古度和《溧水县志》（顺治）......080

　　二、萧秉晋《登琛峰望石臼湖》......088

三、琛山庵、琛岭神灯……090

乳山老人林古度……096

　　一、乳山、玉乳泉、乳山庵……096

　　二、乳山庵、环翠楼、乳山院……099

　　三、林古度与钱谦益……103

　　四、林古度与王士禛……107

　　五、《乳山人》诗……109

　　六、林古度与顾炎武、黄宗羲……114

　　七、《玉乳泉》诗及其他……116

石湫王伯沆与南通张謇的未了缘……125

石湫毛汝采与蒋氏父子的因缘……133

明觉铁画与《汤鹏铁画歌》……138

新四军与横山抗日游击根据地……148

石湫书法选刊……154

附录一　缘起林古度的钱谦益同韵诗……159

附录二　钱谦益写给林古度的生日诗……174

附录三　思鹤之乡……183

附录四　溧水，梦开始的地方——白居易漫谈……192

后记一　再续石湫状元情缘……203

后记二　时节因缘俱凑巧……208

跋／王　牧……213

参考文献……216

序言一

◎ 宋林飞

《江南文化名镇石湫》书稿送到我的面前,作者高风请我写个序言,我欣然从命。我在南京上学、工作、生活,已经40多年。期间,对南京城南地区溧水,游览、参会与调查多次,但只能说对现状有所了解,对历史不甚了了。看了本书,长了不少见识。这是一本试图将地方志书、读书笔记、个性化写作相结合的著作,颇有新意。

盛世修史,是我们民族的一个优良传统。1997—2010年,我在江苏省社会科学院任职期间,主持编写了10卷本的《江苏通史》。像石湫这样一个历史文化名镇,因为篇幅限制,也没有具体的记述。本书弥补了这个遗憾。

石湫是南京溧水区的一个镇(街道)。历史上,伍子胥、李白、杨万里等名人曾经在此地留下过痕迹。中华文明上下五千年,其中有确切文字记载、连续不断的历史,就超过了三千年。这在全世界是唯一的。数千年弦歌不辍、薪火相继,各种史籍发挥了重要作用。在史籍中,除了我们熟知的"国史",如二十四史外,还有各种地方志书,也发挥了重要的补充、充实,有时候甚至是修订、更正的作用。

州府郡县、街镇乡村,各种方志。虽然,各地各类方志的格局、水准并不统一,但是,"邑志之辑,国史攸关,一代编摩,千秋征信"(顺治版《溧水县志》主编林古度语),前人的努力是值得我们尊敬的。

《江南文化名镇石湫》一书,可以算是地方志书的类型,但和常见的地方志又不太一样。它有学术论文的痕迹,但不是严格意义上的学术著

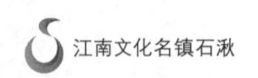

作，同时也考虑了一般阅读者的可读性要求。它不追求面面俱到，只以和石㶇有关联的历代文化名人及其遗迹、诗文作品为研究样本，兼顾其他。

它把石㶇日新月异的经济发展类的数字化内容，让给了每年出版的各类经济、统计年鉴；而把渐渐"固化"、当代人缺少阅读习惯的文言、文字类的内容，进行了通俗化的解读。可以说，《江南文化名镇石㶇》的切入点是"乡土文化"，但又出入于"乡土文化"和"雅史文化"之间。这是一种有益的尝试，也是一种传承和创新。有时还间以作者本人的诗作，体现了一种个性；又不拘于常规的"范式"，也体现了时代的多元和包容。

在江南山水间，历史、文化底蕴像本书所呈现的石㶇一样深厚的古镇，有，但也不多见。又要能较好地把它传达出去、传播开来，不是一件容易的事情；对样本的选择、讲述者的功底，是一个考验。

本书作者高风与我从小生活的地方，都是我们南京大学老校长江谦先生晚年耕读的地方，叫做"滨海耕读处"，本地人叫"江家仓"，在通州湾三余镇。三余镇也是一个历史文化名镇，但长度厚度，比石㶇镇要单薄很多，我想高风在写作本书的过程中，是不是把对故乡、对传统文化的热爱，都倾注到石㶇了呢？

有一年世界杯足球赛，高风在《金陵晚报》上连载章回体小说，一个多月，每天一回，每一回开篇都要填一首词，每一首词的词牌都不一样；内容却是当时火热的球赛，古意和今趣，结合得比较好，一时间有点"金陵纸贵"的迹象。事后，当时的南京电视台作为一种文化现象，进行了追踪报道，记得有一句话是："《绿茵夺宝记》风靡石城。"

正当我以为高风要在文字领域继续发展的时候，他却又回到他的大学本科老本行金融领域去了，安心当他的银行行长，"尔来二十又一年矣"。实际上他并不安心。后来他又读了南京大学朱庆葆教授的历史学博士。我和他在诗词唱和的时候，也对他这种继续学习的态度进行了鼓励。我相信，深为中国传统文化所浸染之人，其觉醒，只是一个时间问题。

所以当我看到本书书稿的时候,很是欣慰。一是作者有这样的文史功力,以诗证史、以史证诗、诗史互证,做这件有意义的事情,是一个合适人选;二是作者作为一个经济金融工作者,务实理性,以一个镇为样本,不贪大求洋,才能扎实深入;三是欣慰于自己的判断,本书能够成稿,就是一种传统的回归,一种文化的觉醒,也是我们传统文化自信的最深厚的群众基础之所在。

多年来,我以敬仰之心,访问过一些历史文化名镇、村,回来后都以一首词记之,留作怀念。对于石湫也不例外。现将小词《满庭芳——南京溧水石湫行》给读者奉上:

> 桑麻鱼乡,山青竹韵,故园画灵雕珑。
> 幽幽石径,樟柏绿荫浓。
> 文脉地多才俊,留佳话,官廉清风。
> 家国情,抗倭忠节,数银头公公。
>
> 东进序曲起,横山悲歌,南岗英雄。
> 如今是,小楼人家康丰。
> 石臼湖润千畦,百姓乐,玫瑰花红。
> 依空港,贯通地铁,更喜江南同。

2019 年 12 月

(宋林飞,南京大学教授,江苏省首批十大社科名家之一。曾任江苏省社会科学院院长、江苏省人民政府参事室主任。中国社会学会原会长)

序言二

◎ 樊　斌

两年前,《石㳍镇志》历时四年编修而成。我在序言中说,这是一部反映石㳍人民精神面貌,反映石㳍经济、政治、文化和社会建设的奋斗史和发展史。当前我们国家正处在全面深化改革、全面建成小康社会的发展时期,以史为镜可以"明得失""知兴替"。翻阅地方志书,聆听历史的回声,必将激发人们热爱家乡的热情和奋发创业的斗志。

今天,《江南文化名镇石㳍》编撰而成,可以看作是《石㳍镇志》的姊妹篇。本书撷取了《石㳍镇志》和历代《溧水县志》中有关石㳍的诗词歌赋、民间传说等,注入并结合了作者在溧水和石㳍的生活与情感经历。正如本书收录的一副对联所表达的:

石无贵贱,全凭匠心琢为玉;
㳍有浅深,只待和风拂成波。

石㳍山清水秀,是鱼米之乡。她背靠西横山,山上林木森森;南临石臼湖,湖中波光粼粼。境内垄田纵横,稻谷飘香;山丘连绵,果木成行。有石臼湖"渔歌唱晚"的旖旎风光,也曾出现过"琛岭神灯"亦真亦幻的奇妙景象。

石㳍是人杰地灵、人文荟萃的地方。众多历史文化名人或生长于斯,或奉献于斯,或激励于斯,或归葬于斯。他们中有名相、名将、名诗人。石㳍坝王氏原是晋朝大书法家王羲之的后裔,明万历庚辰进士光禄寺卿天官王守素就是石㳍坝人。八百年前当了三年溧水知县的陈嘉善死后就葬在小茅山脚下,今天的石湫坟头自然村陈姓村民正是他的后代。其祖上显赫,一门三兄弟进士及第,竟有两人为状元,三兄弟都官至宰相。石湫文化底蕴深厚,长期的历史发展形成了许多有特色的民间文艺。明觉铁画是我国文化艺术宝库中的一颗璀璨的明珠;石湫素有龙灯之乡的美誉;石臼湖传说、上方寺传说一直在民间传扬。历史上的豪门显贵、名人雅士的诗词文章,劳动人民的艺术创造,构成了石湫文化中的一道亮丽的风景线。如今,石湫无数优秀儿女殚精竭虑,无私奉献,在不同岗位上创造了光辉业绩,在石湫发展重要节点上留下了深深的印记,树立了丰碑。

我们为石湫的昨天感慨万千,为石湫的今天喝彩不已,更要为石湫的明天奋斗不息,谱写出更加绚丽辉煌的历史篇章。

湫石化文、文化石湫;

桊戟遥临,以斯为序。

2020 年 4 月

(樊斌,南京市溧水区石湫街道党工委书记、江苏[国家]未来影视文化创意产业园管委会主任)

前　言

石湫镇，是南京市溧水区辖属的一个江南古镇，现在叫作"石湫街道"。

历史上，在今天石湫街道的范围内，使用时间最长的名字是"思鹤乡"（从三国东吴时代起，到1947年），其次是"石湫坝"（从明朝万历年间起）。

石湫的自然资源禀赋，可以说是得天独厚。在一百二十多平方公里的土地上：

东部，是琛山（又名小茅山），邻接胭脂河、天生桥；

西部，是横山（又名西横山、横望山），与安徽接壤；

南部，是石臼湖（古称"丹阳大泽"，后来分化出现在的石臼湖、固城湖）；

北部，是秦淮河的西部源头圩区。

在石湫街道的中部地区，还有被称为"湖山串珠"的环山河风景区。

石臼湖

当年李白《登金陵凤凰台》，发出了"三山半落青天外，二水中分白鹭洲"的感慨。灵感的来源，也许和他天宝年间"居横望山颇久"时，极目所见思鹤乡美景的影响有关系。

清朝初年的溧水人萧秉晋,在《登琛峰望石臼湖》一诗中说,"风景邑中何处佳,琛山山色石湖水"。

古人评价溧水美景,选出了八个代表性景点:"中山八景"(中山,溧水的古称)。

"琛岭神灯"和"石臼渔歌"占其二。

根据溧水区地方志编纂委员会办公室、溧水区档案馆的整理,1949年以前的历史上,《溧水县志》,一共编辑过五次。分别是明朝的万历版,清朝的顺治版、康熙版、乾隆版和光绪版。

其中,"万历志为最早,顺治志最有特色,光绪志最完备"。顺治版县志的主编,就是明末清初隐居在石湫乳山(横山山系中的一个支脉)三十多年的诗人、学者林古度。

林古度是石湫文化的一个重要代表人物。林古度在历史上的知名度也许并不大。但是,可以从他的学生、朋友身上感知他的地位。

明末清初"三大思想家"中的两位,顾炎武和黄宗羲,在林古度面前"执弟子礼";

明末清初文坛"江左三大家"中的第一大家钱谦益,是林古度的好朋友,钱谦益为林古度创作了大量的诗文;

清朝初年的文坛领袖王士禛,是编辑林古度文集的"挂剑之约、受命之人"。

从林古度而扩展开去,石湫的文化、历史资源,可以从春秋吴楚争霸时开始,到汉末三国东吴,到唐宋,到明清,脉络清楚,遗存富饶。

石湫环山河风光带

前　言

东晋南渡、南宋南渡，在今天的石湫古村落中，也都留下了"信而有征"的记录或痕迹。

古往今来，如今的石湫古镇，也正散发出其独有的魅力。

2019年12月12日，石湫文艺科教新城建设指挥部正式成立，全力推进重点项目和文艺科教新城建设。

艺科教新城规划面积扩至12平方公里，将按照"华东山谷里的艺术镇"这一定位，积极打造生态宜居之城、教产融合之城和文艺活力之城。

在以经济建设为中心的当下，石湫街道更以经济、文化发展并重，并且成效显著而令人瞩目。

江苏广电石湫影视基地、江苏第二师范学院、南京工业大学浦江学院（溧水校区），已经运营多年。南京艺术学院、江苏传媒学院也已签约落地。

这些，和石湫深厚的文化、历史渊源，有密切联系。

本书以目前可见的和石湫有关的历代文字记录（诗词歌赋等）为主，以时间先后为轴，进行整理和解读；在欣赏中国传统文化的同时，逐步感受石湫丰厚的历史文化底蕴和优美的自然山水风光，使"养在深闺"的石湫，在新时代焕发出应有的迷人光彩。

山河壮丽·苏克

石㵢街道的前世今生

2500年前的春秋时期,石㵢这个地方的名字叫作"原濑";1800年前的三国东吴开始,石㵢这个地方的名字叫作"思鹤乡";

600多年前的明朝初年开始,石㵢这个地方又有了"王墅乡"的名字;

400年前,明朝后期,"石㵢坝"的名称逐渐通行。

一、

中国历史有一句口诀:上古三代夏、商、周。
当时,中国的中心是在中原,在北方。
周,分为西周、东周。
东周开始,实际上就是春秋、战国了。
而战国结束的时候,就是秦始皇的秦国、秦朝了。
溧水,出现在中国历史上的时间,不算太迟。
初次出现是作为"春秋五霸"之一的吴国的属地(濑渚邑)。

濑,水流沙上、水激石间;
渚,水中小洲(陆地)。

孟子说,春秋无义战。
作为邻国,吴、越、楚争(征)战不息,最后,溧水归属了楚国。

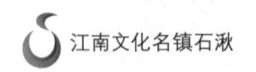

濑渚

土地还是那块土地，只是名字的叫法变来变去。

但也说明了此地的发展已经达到了国与国之间"不惜一战"的水平了。

秦始皇统一中国，采用"郡县制"，分天下为三十六郡。

太湖流域为"会稽郡"（郡政府在今苏州）。

会稽郡下面有个"溧阳县"（县政府在今常州溧阳）。

当时溧水属于溧阳县的辖区。

西汉刘邦分封诸侯国（"国"的地盘与郡大体相当。所以后来有了"郡国"这个词），溧水跟着溧阳县，先后分属过不同的诸侯国。

其后经过东汉、三国、两晋、南北朝，到了公元591年，即隋开皇十一年，隋文帝杨坚把溧水从溧阳县里独立出来，升格为县。

这是溧水建县的开始。

溧水县，以县为名，至2013年撤县建区，存在了1422年。

二、

今天溧水区所辖的石湫街道，东起小茅山（琛山），西到横山（又名西横山、横望山），南到石臼湖，北接江宁区铜山镇，最早的地名，叫作"原濑"。

西横山一角

原濑,源自濑渚。也可以解释为"濑渚之源"。

从三国东吴时代起,名为"思鹤乡"。

("思鹤"之名由来,可参阅本书《孙锺种瓜·孙锺井·国太银杏》和附录《思鹤之乡》)

思鹤乡的稳定状态持续了1100年,到明朝初年被打破。

明初,由于胭脂河开凿工程的需要,思鹤乡被一分为三,东部划入今溧水区永阳街道,西部命名为"王墥乡",中部仍名"思鹤乡"。

至于为什么要把思鹤乡"一分为三",还有一个有关明太祖朱元璋的神奇传说。

当初,朱元璋在南京东郊独龙阜营造自己的孝陵时,绕开了梅花山的孙权墓,说,孙权是个好汉,留他给我看门。

所以,当朱元璋看到东吴的"龙兴之地"思鹤乡时,就说,鹤来,你家三分天下有其一;今天,我要把思鹤乡一分为三,以免你家再抢我大明江山。

(为什么是"龙兴",可参阅本书《孙锺种瓜·孙锺井·国太银杏》)

明朝后期,万历四十年,即公元1612年,随着防洪挡水的石坝的修建成

石湫焦赞石村

功,"石湫坝"的名称逐渐通行①。

湫,隘下、低下。

清朝光绪年间,王墦乡改名为"石湫坝"。

清朝末年,石湫坝集镇日趋繁华,始称"石湫坝镇"。即石湫坝镇和思鹤乡之名并存。

1912—1928年(民国,北洋时期),石湫坝镇属思鹤乡管辖。

1929—1937年(民国,蒋介石国民政府时期)。

1929年,溧水县划建6个区。石湫坝镇属思山区思鹤乡管辖。

1934年,溧水县改6区为5区,石湫坝镇和思鹤乡同属溧水县第四区管辖。

1937—1945(抗日战争时期),国民党溧水县政府南迁,但石湫坝镇和思鹤乡仍属县第四区辖。

1939年,汪伪政府(正式成立的时间是1940年3月)设溧水县第四区,

---

① 根据傅章伟先生的研究结果。

区署于石㳇坝镇桑元蒲村(简称石㳇镇公所)。

石㳇镇公所既为汪伪效劳,又为国民党办事,也与中共抗日民主政府(1943年秋成立,1945北撤终止)联系,称为"三方办事机构"。

("石㳇镇"的称谓逐渐替代"石㳇坝镇"。)

1945年,抗日战争胜利后,设石㳇镇公所,属县第四区辖。

1947年起,溧水县设一个区署,三个督导区。石㳇镇属第二督导区思鹤乡辖,思鹤乡乡公所驻石㳇镇。

("思鹤"之名最后一次出现。)

1949年9月,石㳇镇人民政府成立。

其后历经石㳇区石㳇乡、石㳇人民公社、石㳇人民公社革命委员会、石㳇人民公社管理委员会。

1984年5月,恢复石㳇乡人民政府建制。

1999年6月,石㳇撤乡建镇,名石㳇镇。

1999年12月,撤销明觉镇,其辖区并入石㳇镇,镇政府驻石㳇集镇。

2018年5月,设立石㳇街道,以原石㳇镇区域为石㳇街道行政区域。

物华天宝人杰地灵·苏克

(本篇根据《溧水县志》《石㳇镇志》《石㳇文化汇编文稿》等综合整理)

从"丹阳大泽"到石臼湖

从今天的地图上看,在江苏省西南部和安徽省接壤的地方,从北向南,依次分布着石臼湖、固城湖、南湖。石臼湖、固城湖属于江苏省,南湖属于安徽省。

石臼湖、固城湖,同属于远古的"丹阳大泽"(丹阳湖)。后来丹阳大泽分化,一分为三。在今天的安徽境内、石臼湖西侧,丹阳湖只遗存极小的水面,有姑溪河可以连通石臼湖。

安徽南湖是否曾经属于古丹阳大泽,史书上没有明确记载。

《溧水县志》(光绪)上记载:丹阳湖者,三湖之通名也。分之则有石臼、固城。

《溧水县志》(万历)上记载:唐李白尝游此,张帆载酒,纵意往来,有诗。

石臼湖中有塔子山。方豪尝游此,有诗。

石臼湖是南京市溧水区、高淳区和安徽省马鞍山市当涂县、博望区,四个区、县之间的界湖;

面积208平方千米,是由古丹阳湖分化而成的。

古丹阳湖原为江南著名的大泽,面积约4000平方千米。

约在春秋前期,古丹阳湖逐步解体,分化出石臼湖、固城湖。

人类的围垦造田,加剧了这一分化的进程。沧海

中山八景·赵永生

桑田,不一定需要在海边,内陆也可以完成。

石臼湖、固城湖,分属南京市的溧水区、高淳区(高淳是明朝中期从溧水县中分设出去的,所以溧水、高淳的历史,颇多重合、交错的地方)。

站在固城湖的角度看,石臼湖又名北湖。

石臼湖的北岸,就是石湫街道。

石臼湖蕴藏着丰富的资源,其中以"三珍"为代表:银鱼、螃蟹、野鸭。

被赞誉为"日出一斗金,夜出一斗银"。

"石臼渔歌"(白湖渔歌)是古中山八景、新金陵四十景之一。(中山,溧水的古名之一)

白湖渔歌·小庆

用著名的苏州阳澄湖作为参照,阳澄湖面积 120 平方公里,石臼湖面积 208 平方公里。

春秋时候,楚国的伍子胥(公元前 559—公元前 484),在父兄被楚平王杀害后,只身逃往吴国。

在经过石臼湖的时候,伍子胥饥困交加,向路遇的一位女子乞食。女子见伍子胥虽然落魄,却不像坏人,顿生恻隐之心,慨然相赠。

出于安全原因以及恐惧心理,伍子胥要求女子为他的行踪保密,并且至少说了两遍。女子觉得受到侮辱,投石臼湖而死。

后来伍子胥果然报了家仇。

又想到要报恩,但苦于不知道石臼湖边女子的详细信息,于是就把千金投入石臼湖中。

这位向伍子胥"施食"的女子,就是溧水的"史氏之女"。

唐朝时,诗仙李白经过溧水(当时溧水属于安徽宣城管辖),在县令郑晏的请求下,写了一篇《溧水贞义女碑铭》。最后几句是这样的:

> 伍胥东奔,乞食于此。
> 女分壶浆,灭口而死。
> 声动列国,义形壮士。
> 入郢鞭尸,还吴雪耻。
> 投金濑沚,报德称美。
> 明明千秋,如月在水。

白湖渔歌·小庆

从伍子胥投金,到李太白作铭文,中间过了1300年;

从李太白作铭文到现在,又过了1200多年。

石㳇这片土地上的人类活动史,可以当得上"悠久"两个字。

伍子胥辅佐吴王阖闾、夫差父子,极意经营吴国,成效巨大。遗迹集中在现在的苏州市。

溧水作为春秋吴国的西部边陲,也有以"胥"字命名的水利工程"胥河"(类似于苏州的"胥江")遗存。胥河东连太湖,西通长江,是吴国为了伐楚而开掘的人工运河(在今高淳区境内)。

后来越国灭吴国、楚国灭越国,溧水成了楚国的国土,境内有了伍子胥最最痛恨的人楚平王的祠庙,就很正常了。

北宋时,大词人周邦彦曾经担任过溧水县令,他看到的楚平王祠庙,已经很破败了(王祠何其微,破屋风泠泠),因此写了一首《楚平王庙》诗。

在周邦彦看来,伍子胥一家所遭受的冤屈,不是楚平王的责任,是"奸臣乱国纪";

对于伍子胥"掘坟鞭尸"的报仇方式,周邦彦并不赞成,"臣冤不仇主,况乃锄丘茔";

周邦彦注意到,虽然伍子胥最后也是在吴国被冤死,但是后世的人对他很尊重,远远超过了对楚平王。

所以他站在楚平王庙里,发出一声感慨:"报应苦不直,吾将问冥冥"。

李太白还有组诗作品,《姑孰十咏》,其中《游丹阳湖》,咏的也还是石臼湖。

姑孰是个什么概念?

按照现在的行政区划标准,姑孰就是一个镇,是安徽省马鞍山市当涂县的县政府所在地。也就是现在的安徽当涂县城。

在历史上,姑孰,曾经是一个显赫的名字,是一个城,有城池,即有城墙。不仅仅是一个小镇。

本书后面篇章在谈到"石㳇铁画"的时候,也会涉及姑孰、姑孰画派。

姑孰在三国东吴时筑城,东晋时得名。

向东北,可以作为六朝古都南京的门户;

白湖渔歌·甘清涟

向西南,可以作为佛国圣地九华山及黄山的门户。

修建于晋代的黄山塔、明代的金柱塔和凌云塔是姑孰镇历史悠久的见证,"姑孰虽小,三塔两浮桥"。

李白所处的盛唐时,姑孰和溧水,都是属于宣城的辖区。(这里也可以看出古今行政区划变化的痕迹。)

姑孰溪(姑溪河)、丹阳湖(石臼湖)等,是当时姑孰境内十个代表性景点。

(从姑孰镇乘船,沿着姑孰溪[姑溪河]东下,可以直达石臼湖)

唐玄宗天宝十四年(755),李白来到了石臼湖。留下了《姑孰十咏》,其中一篇《游丹阳湖》:

姑孰十咏·游丹阳湖

湖与元气连,风波浩难止。
天外贾客归,云间片帆起。
龟游莲叶上,鸟入芦花里。
少女棹轻舟,歌声逐流水。

石白湖夕照

如果以诗仙的标准来要求,这首《姑孰十咏·丹阳湖》是不达标的。

但是,我们不能过于苛求古人,不能要求李白一直保持在一个同样的创作水准上。古往今来,所有的艺术家,总有"精品力作"和"应酬之作"之分。

可以责疑。

就像北宋苏轼说,过姑孰堂下,读李白《十咏》,怀疑其语浅陋,不像是太白的作品。

南宋刘克庄说,前辈疑《姑孰十咏》非李白作,有点道理。

但是,如果没有确凿的证据,姑且"疑罪从无"。

重要的是,诗仙来到了石白湖,并且留下了痕迹。

到明朝中叶,有一位来自浙江开化的方豪先生,显然是不同意苏轼、刘克庄意见的,他经过石白湖,赋诗就叫《过石白湖,次李白韵》:

风高石白湖,扁舟行且止。
寒鱼潜何深,冻云飞不起。
龙潭嘘吸间,塔子苍茫里。
推篷听晚桡,新月摇烟水。

方豪这首"次韵诗",遣字、造句,情景描摹、意境营造,超过了诗仙。(用

/ 011 /

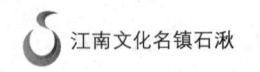

韵和李白诗一样,所以叫作次韵。)

有时候,是不能过于迷信权威的。

李白诗中的"棹"(zhào),方豪诗中的"桡"(ráo),都是划船的工具船桨的意思。

"塔子苍茫里"里的塔子,指的是石臼湖中小岛,岛上有塔子山。

就在这次溧水之行中,李白还送别了一个亡友,王炎。李白写了三首悼念诗,感情真挚、直抒胸臆下又暗含悲摧,典型的太白风韵。

此时诗仙也已进入暮年。

他更多的是在投靠在当涂担任县令的族叔李阳冰。

《自溧水道哭王炎》(三首),所抒发的,也包括了太白的自我愤懑和自我感伤的情绪。

第二首末四句说:

　　悲来欲脱剑,挂向何枝好。
　　哭向茅山虽未摧,一生泪尽丹阳道。

春秋时代,吴国公子季札出使鲁国(公元前544年)。途经徐国,徐君喜爱季札的佩剑,有心索取,却难于启齿。季札明白徐君的心意,决定把剑赠送给他。但因佩剑出使是一种礼仪,只好待出使归来,才能了此心愿。不幸,返回时徐君已死。季札为兑现内心的许诺,便将宝剑挂在徐君墓前的树上走了。

第三首说:

　　王家碧瑶树,一树忽先摧。
　　海内故人泣,天涯吊鹤来。
　　未成霖雨用,先失济川材。
　　一罢广陵散,鸣琴更不开。

霖雨(久旱后下的雨)、济川(渡河),都是代指救危济困所需要的才能,而且是大才(治国之才)。

一罢广陵散,鸣琴更不开。

嵇康一死,广陵散就失传了(可参阅本书"古村落·老虎头村"篇)。

(在本书关于"琛山[小茅山]"的篇章中,有多首《登琛峰望石臼湖》的诗作,也可以对照参阅。)

今天的石臼湖,地铁 S9 号线穿湖而过,直抵高淳。把石臼湖、石湫,把南京空港和南京主城,以及世界各地,更加便捷地联系在了一起。

这是大明王朝的湖广布政司、左布政使武尚耕所想象不到的。

武尚耕,是石湫桑园蒲村人,是石湫历史上第一个有确切记载的进士。明朝隆庆五年(1571 年),武尚耕考中进士。

游石臼湖三首

武尚耕

百里晴湖掌样平,参差山影浸空明。
扁舟来往斜阳里,一任青尊笑语倾。

湖上风光自不同,更逢落日暮烟中。
青山西望惊人眼,绝似镕金跃冶红。

三湖鼎足势相连,最爱君家石臼边。
北去横山浑不远,烟村只在片帆前。

武尚耕这三首诗,前两首是普通描写。第三首信息量最大。

武尚耕生活的年代,在 1580 年前后,古丹阳湖的分化,是"三湖鼎足";但是今天,丹阳湖已经小到忽略不计,不足以"三湖鼎足"了。

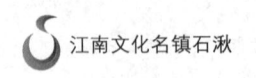

武尚耕的赠诗对象,家住石臼湖边。他自己,家在石臼湖北岸、西横山脚下的桑园蒲村。

联想到"君家",和第一首的"笑语倾"(女性化)三字,也许可以推测,武布政使是在写诗给一位青梅竹马的红颜知己。

明朝溧水有个读书人,叫陈文昭,他经过石臼湖的时候,就没有武布政使那么浪漫了。

年龄、季节、心情,都不一样。

过石臼湖

陈文昭

买得一舟才似叶,凌风晓涉波千叠。
镜里沿回景固幽,杯中浮渡心还慑。
败荷枯苇但愁霜,银鯿金鲤争晲日。
曲岸凫鹭傍暖飞,晴滩网罟如蚁密。
归心已自箭离弦,残年更令游人戚。
指点疏林数问人,斜阳怕听舟中笛。

境由心生。

同样的石臼湖,可以感受出不同的心情。

就像腾子京站在岳阳楼上看洞庭湖,可以"感极而悲者矣";也可以"其喜洋洋者矣"。

陈文昭属于万历年间溧水本地"隐逸界"的高人。

写诗,以李白自许。

顺治版的《溧水县志》主编林古度,对陈文昭很是推崇,所以在县志中选入了陈文昭的这首诗。

陈文昭也许只是虚构了一个《过石臼湖》的题目,来描写自己年关将近时漂泊、无所作为的一种感慨,未必是真的过石臼湖,否则从早晨到中午到傍晚,还是没有过得去(从"晓涉"到"斜阳"),4000平方公里的古丹阳大泽,大概还差不多,而明朝万历年间,石臼湖已经没有那么大了(三湖鼎足)。

"残年",可以是时令(败荷枯苇但愁霜),也可以是诗人的年龄。世态人情(波千叠),个人感受(心还慑、令人戚、怕听笛)。

但是"曲岸凫鹭傍暖飞,晴滩网罟如蚁密"这一联,还是给现在的我们留下了想象当年的空间:生态好、渔业发达。

在纸质版的县志中(顺治),"睑"字作"日"字旁(银鳊金鲤争睑日)。

查了字典(现代汉语、古代汉语、说文解字),没有发现这个字。俟更考。

作为古中山八景之一的"石臼渔歌"(臼湖渔歌),在清朝统治稳定后,受到了溧水读书人的反复吟咏。

其中的卢文弨和严长明,对八景逐一题诗;甘清涟,则以绘画的形式表现八景。

白湖渔歌·赵永生

臼湖渔歌

卢文弨

湖光月色两匀和,夜静风柔水不波。
万籁齐收声寂寂,一苇徐泛影娑娑。
凄清入听消尘想,断续中流起棹歌。
此景此情何处有,可无宫赞写渔蓑。

(卢文弨自注:唐段宫赞采郑谷"江上晚来勘画处,渔人披得一蓑归"之句,为图赠谷,谷钦领之。见宋郭若虚《图画见闻志》。)

臼湖渔歌

严长明

浩浩不可望,何人凿此湖。
但许藏蛟龙,不许生蒲菰。

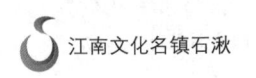

渔舟何荡漾，鼓枻随鸥凫。

如能借一叶，皓月宁忍辜。

臼湖渔歌

严肇万

白湖波泛碧摩天，水色晴光卷宿烟。

山晓四围环翠带，月明千顷散红莲。

非关货利垂香饵，却爱丝纶下钓船。

芦笛一声渔唱也，元音谱就小神仙。

卢文弨和严长明，对月光下的石臼湖比较偏爱。

严肇万的"非关货利垂香饵，却爱丝纶下钓船"一联，翻出了一些新意。

沧海桑田·苏克

孙锺种瓜·孙锺井·国太银杏

《三国演义》的故事在中国是家喻户晓的。东吴孙权称帝是在武昌,但不久就迁都南京。南京作为六朝古都、十朝都会,起始点就是三国东吴。

东汉建安年间,天下大乱,豪杰并起。
建安是汉献帝的年号,时间是公元196—220年。距离现在1800多年。
浙江富阳人孙锺,为了避乱,隐居在乡下,以种瓜为业。
路人有求,慷慨相赠,孝友之名,远近皆知。

孙锺牧归图·小庆

孙锺隐居和种瓜的乡下,到底在哪里,至少有三种说法:浙江富阳、江苏镇江丹阳、江苏溧水石湫。
到了公元220年以后,魏、蜀、吴,三国鼎立的局面真正形成。
开创东吴事业初始局面的,是孙权的父亲孙坚;

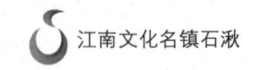

真正奠定东吴基业的,是孙权的哥哥孙策;

而真正成为东吴大帝的,是孙权。

按照东吴以后约200年的南朝·宋·刘义庆的《幽冥录》记载,孙锺是孙权的曾祖父;

按照《富春孙氏宗谱》的记载,孙锺是孙权的祖父。

问题的关键在于:孙权登上帝位后,他的母亲,即小说《三国演义》、戏曲《龙凤呈祥》《甘露寺》等传说中的吴国太,来到了孙锺种瓜的地方,种下了一株银杏树,并且疏浚了孙锺以前常用的水井,表示"水原木本""饮水思源"的意思。

为什么孙锺这么重要呢?这里还涉及一个美丽的传说,祖荫神助的故事。

在现在的石㵰街道东部,小茅山(琛山)的北麓,有一个村庄,叫作上方村。一天,老汉孙锺正在整理瓜藤;这时,瓜田里来了三个少年,他们渴得很,就向老汉讨瓜吃。老汉看了看这三个少年,心生同情,就摘个大瓜,拿刀切给他们吃。

三少年化鹤·小庆

三个少年十分高兴,很快就吃完了。其中一个少年边抹嘴边对老汉说:您的瓜真好,给我们解了渴。我们会感谢您老人家的。另一个少年说:您老人家是好人,您百年之后就葬在这瓜田里。过一会如果您发现有什么不一样,那个地点就是风水宝地。

孙锺听了,也没当回事。但一眨眼,三个少年就不见了。老汉到处寻找,只见三只仙鹤在瓜田上空盘旋,然后向天边远远地飞去。孙锺估摸着,莫非是神仙下来点化他。

(三少年行数百步即化鹤去。后来孙锺子孙果然昌盛。至今其乡曰"思鹤",有井曰"孙井"。)(历代溧水县志记载。)

根据元代《金陵新志》记载，到了大唐盛世的开元十二年（公元 724 年），在传说中的孙锺种瓜处，上方寺建成了。

寺庙内保存了孙权的母亲所栽的银杏树和孙锺种瓜汲水及日常生活所用的水井。

国太银杏

孙锺井

而上方寺所在的乡，在三国东吴时，就已命名为思鹤乡了。

现在上方寺只有遗迹残存，可那颗老银杏树依然倔强。古树高二十余

井栏壶

米,可六人合抱,因遭雷击,树冠折断,树干中空,但枝叶犹茂,当地民众敬之若神。

根据南京市园林局的测定,这棵树的树龄在1800年左右,和东吴开国的时间基本吻合,是整个江苏省范围内,现存最高寿的银杏树。

银杏四季图

历史学家顾颉刚先生,有一个"古史是层累地造成"的著名观点。大概的意思是说,第一,时代愈后,传说的古史期愈长。第二,时代愈后,传说中的中心人物愈放愈大。第三,在勘探古史时,我们即使不能知道某一件事的准确的状况,但可以知道某一件事在传说中的最早的状况。

简单说,对于古史的主要观点,不在它的真相而在它的变化。

也即,孙钟是孙权的曾祖父,还是祖父,姑不置论;

孙钟种瓜的地方,是在富阳还是丹阳,也姑置不论。

吴国太手植的银杏,1800年树龄的银杏,只能是在石湫!

井一夜可掘,树千年难得。岂不然乎?

| 银杏介绍石 | 银杏介绍牌 |

另外,宋代的溧水知县史弥巩,游历上方寺,留下诗作《过上方寺,题孙钟种瓜井》;

明代的溧水知县王从善,夜宿上方寺,留下诗作《仲春雨后省荒,宿上方寺》。

他们都是高级知识分子。

过上方寺,题孙钟种瓜井

[宋] 史弥巩

孙钟原是栽瓜圃,客至尝瓜固其所。

不应司命降从天,至今人指种瓜处。

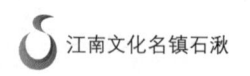

仲春雨后省荒宿上方寺

[明]王从善

绿鉴轻霜扫鬓毛,出门流涕尽逋逃。
孙锺井在瓜非昔,吴主陵荒柏自号。
素食已知重负愧,省民何敢更辞劳。
阜财解愠无消息,千古南风思更高。

史弥巩知县的诗,洒脱有余。

王从善知县的诗,更多了一些历史的厚重感和"哀民生之多艰"的责任感。

(以上两首诗的赏析,可参阅本书《千古南风思正高——上方寺》。)

乾隆十三年(1748)进士、后任溧水知县的敬华南,有一篇长文《上方寺

孙锺牧归图·小庆

记》(节选):

> 邑西十五里上方寺,相传为东吴祖居地。异代改为梵林,瓜田孙井遗踪可考。寺中有银杏一株,围可二丈有奇,千秋物也。土人谓寺与树俱始,知其由来远矣。

意思是,溧水县城向西十五里,有个上方村,相传是东吴的祖居之地,后来改为寺庙。瓜田、孙井、银杏树,有千年历史了。

到了明朝,琛山(小茅山)上建起了"三茅宫",当时的人又把道教的"三茅真君"和化鹤的三少年联系起来了。

石湫的状元、探花情缘

在1300年的中国科举史上，土生土长的石湫人所取得的最高功名，是进士。很了不起的，有明朝时候的武尚耕和王守素。武、王两人后来官居要职，武尚耕曾为《溧水县志》(万历版)作了序言，王氏家族是修筑"石湫坝"的直接推动者。除此以外，石湫和状元、探花也有着深厚的渊源。

一、俞栗

在溧水的历史上，有准确、可靠记载的第一位状元，是公元1105年（宋徽宗崇宁四年）的俞栗。

俞氏一族文脉昌盛，在北宋年间先后出了十名进士。

俞栗后来曾作《俞氏十榜传家记》[①]，"联翩十榜、名显中山"，实至名归。

中山，溧水的古名之一。

北宋当时的科举方法，不是后来明清时的"殿试"取状元。而是需要经过三年的综合测评、考试。

俞栗读书图

---

① 载(顺治)《溧水县志》。

不但要才华,还需要德行(三舍取士法)。

这个状元的含金量更高。

"三舍法"把国家的最高学府太学分成外舍、内舍、上舍三等。

外舍2000人、内舍300人、上舍100人。

在一定的年限及条件下,外舍生得升内舍、内舍生得升上舍,上舍生考核"德""艺"。

成绩优异者直接授官。

为了纪念和庆贺俞栗大魁天下,昌明本地学风,1106年,溧水人在今天的主城区中大街,建造了一座"状元坊"。

可惜毁于1937年11月日寇的侵华炮火中。

俞栗去世后,归葬于琛山(小茅山)山麓。

状元墓旁有尚书塘(俞栗曾任兵部尚书。尚书塘水库今天还在)。

尚书塘"周数十亩,渊深莫测,虽大旱亦不干涸,可灌田百顷"[①]。

琛山,就是石湫境内的小茅山。

因有玉矿,古名琛山。

(可参阅本书《琛山望湖》。)

琛山东望

俞栗的后人,多在今天溧水的孔镇、和凤一带(石臼湖东岸)。小茅山在石臼湖北岸。

据石湫籍书法家诸荣会先生介绍,溧水县城状元牌坊附近,有一家老字

---

① 据(顺治)《溧水县志》。

号饭店,就叫"状元坊",一直到1949年前后,俞栗后人去吃饭,都是可以免单的。

站在今天的石㳇大道五号、石㳇(维石)科创中心屋顶花园上,东望小茅山,环境条件恰到好处时,山气葱茏,云蒸霞蔚,真有李商隐所谓"蓝田日暖玉生烟"的意境。

笔者根据元好问论诗绝句,吟成四句:

望帝春心托杜鹃,佳人锦瑟怨华年。
太白总爱湖上好,独有诚斋识横山。

李太白于天宝六年(747)至天宝九年(750)间,第一次来到金陵地区游历、寓居,在溧水、当涂两县交界处"居横望山颇久"。

(横望山即是西横山)

尚书塘趣·小庆

第二次是天宝十四年(755),往来于当涂、宣城、溧水、溧阳之间,留下的诗文,是关于石臼湖的。

杨万里来到此地,一下子就爱上横山:"已过方山了,横山更绝奇"(《横山》诗)。

(杨万里《横山》诗可参阅本书《新四军与横山抗日游击根据地》。)

子曰:

智者乐水,仁者乐山;

智者动,仁者静;

智者乐,仁者寿。

二、焦竑、顾起元

明朝中后期,石湫本地出了一对"郎舅亲家"大人物。

焦竑读书图

隆庆五年(1571),桑园蒲村人武尚耕,考中进士。

万历八年(1580),思鹤乡解塘里人王守素,又考中进士。

十年之内,石湫竟连出两位进士,整个溧水为之轰动。

而且二人是亲戚:王守素为武尚耕妹婿;

王守素一女后来嫁给武尚耕的儿子(古时所谓姑表亲)。

武尚耕去世时的职位是湖广布政司、左布政使(省级)。

(武尚耕诗作,可参阅本书有关石臼湖、乳山的篇章。)

为武尚耕盖棺论定写墓志铭的,是晚明的另一个大佬:叶向高(内阁首辅,等于宰相)。

王守素作为万历皇帝的光禄寺卿(机关事务管理),干了很多年,但没有得到"阁老"叶向高的提拔。后来主动告老还乡。

但是万历皇帝对王守素还是满意的,曾下旨封赠三代,并在石㵛敕建"三世勋卿"坊。

此坊牌坊直到1949年后才被拆除。

王守素为官清正,有两个南京小老乡,是他的铁杆"粉丝":

一个是万历十七年(1589)的状元,南京人焦竑(祖籍山东日照)。

另一个是万历廿六年(1598)的探花,南京人顾起元。

清(顺治)《溧水县志》,有《王守素传》。

编纂者林古度,长期隐居在石㵛乳山,可能见过王守素,对王守素应该有所了解。

林古度用"姿状伟岸,心胸洞达,使人敬畏"十二个字来刻画王守素。

王守素去世后,焦竑为他撰写了墓志铭。

后来,王守素的儿子王知充根据父亲的遗愿,建起了王氏祠堂,焦竑又为此写了《王氏祠堂记》。

欣赏两段祠堂记中焦状元手笔:

且祠距家伊迩(不远),一水环之如带,由梁入祠,波纹回碧,鱼鸟亲人,灌木铺阴,栏杆掩映。

其东为琛山(小茅山),秀而峙者若拱;
其西为横山,三十六峰联络不绝者若屏;
其北为石㵛,螺石累累,水声潺潺者若琳琅;
其南为方阜,平而广者为若台、若几。

兹又不称形势之伟观、而宅幽之胜境哉？

焦状元写的是王氏祠堂的环境，实际上也把整个石湫的主要特点概括出来了。东界小茅山，与天生桥景区和溧水主城区相连；

西部横山，与安徽马鞍山博望区相连。

站在溧水的角度，横山如同从西而来，所以溧水人习惯称之为"西横山"。

抗日战争时期，新四军在苏南，创建了以句容（大）茅山为中心的抗日根据地；

在溧水境内，也创建了三块抗日游击根据地，西横山就是其中之一。

（详情可参本书《新四军与横山抗日游击根据地》。）

再看焦状元这一句：其北为石湫，螺石累累，水声潺潺者若琳琅。

自古以来，石湫只是思鹤乡的一个小村子，甚至连村子都算不上，各种史籍、族谱，都不见这个名字。

每到雨季，西横山上下来的洪水，使本地居民深受其害。

根据石湫籍文史学者傅章伟先生考证，公元1612年，即明朝万历四十年，也就是石湫王氏家族最兴旺的时候，他们牵头，修建了挡水、防洪的石坝，把四处泛滥的山洪水，向北引入了秦淮河。

石湫地标

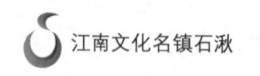

客观上,此举使秦淮河增加了一个新的源头。

石湫由此也成为秦淮河上游的一个码头,人流、物流,在石湫上上下下,带来了信息、商机和繁荣。

这条坝,和这个地方,渐渐地,都被称作"石湫坝"。

所以焦状元说:其北为石湫,螺石累累,水声潺潺者若琳琅。

而(顺治)《溧水县志》的主编林古度,是这样描写石湫坝的:

坝以石为坎,西乡万山众水之所出也;

水喷石上,流溅空中,响若轰雷,色如卷雪,急赴(秦)淮河。

(林古度一生,没有参加科举考试,所以他的文章,和状元的套路,是不一样的。但是,这里你看不出他比状元差,只能说"各擅胜场"。)

焦竑接着表扬王知充修建祠堂的意义:

动"水原木本"之思,可以起孝;

修"时祭岁祀"之仪,可以作敬;

俨"堂构羹墙"之见,可以兴劝;

昭"萃涣合离"之谊,可以敦睦。

夫孝,德之基也;

敬,德之聚也;

劝,德之振也;

睦,德之厚也;

一举而数善备。

探花顾起元比石湫进士王守素小二十岁,后与王守素同朝为官,对王守素非常了解和尊重。

顾探花后来辞官回宁,潜心著述,朝廷七次诏命他入阁,他均婉言谢绝。

天启年间,南京地方官为宦官魏忠贤立生祠,请他为生祠作记,顾探花以手抖有病为由而拒绝。

但他和石湫的关系还是一样的好。

王知充的女儿嫁给了顾起元的儿子,顾起元与王知充结成了儿女亲家。顾探花也就成了石㵋的亲戚。

万历三十四年(1606),王知充在今天的石㵋中学处,搞了一个大动作,创建石㵋坝"大庙"——昌福行宫。

昌福行宫概念图

按照古代中国人的传统,必然会有一篇《昌福行宫记》,来纪念这件事情。然后刻在石碑上。

起草《昌福行宫记》的,是探花,顾起元;

书写并题额《昌福行宫记》的,是状元,焦竑。

这样豪华的配置,放眼全国,可能也是难得一见的。

赐进士及第、翰林院编修、文林郎顾起元撰;

赐进士及第、翰林院修撰、儒林郎焦竑书并题额[①]。

---

① 两人职衔省略了一小部分。

只有第一甲的三个人，才能叫"进士及第"；
第二甲的，叫"进士出身"；
第三甲的，叫"同进士出身"。
状元授予"翰林院修撰"；
榜眼、探花授予"翰林院编修"。
儒林郎又比文林郎高半品。
处处是等级和讲究。
而当年石㵰文运之盛，也略可想象一番。

腹有诗书气自华·苏克

三、韩敬、钱谦益

元朝的科举制度，对汉人（北方汉人）和南人（南方汉人和其他族人）是"戴有色眼镜"的，考试难度也是更大的。
在这种情况下，石㵰人秦国鼎参加南闱乡试，还是考得第一，成为解元。
但他后来无意仕进，不再应考，甘作名士。

进入明初，他的外甥齐泰①，也成为解元；
再进士，再兵部尚书。
把本地名人模仿了个遍（解元模仿舅舅；兵部尚书模仿俞栗）。
（秦国鼎、齐泰更多事迹，可参本书"横阳秦氏旧家声"篇。）
明朝石㵰桑园蒲村人武尚耕，考中进士的那一年，是隆庆五年（1571）。
那一届的主考官是大名鼎鼎的张居正。
状元是后来成为大学问家的张元忭（张元忭为溧水作有《三贤祠记》，县志中有载）。
武尚耕的名次是三甲第150名。可以想象一下当时的招生规模。

---

① 齐泰作为朱元璋的"托孤重臣"，因为建议建文帝朱允炆采取"削藩"政策，被后来的永乐大帝朱棣作为第一重点清除对象而诛杀。

到了 1610 年,万历三十八年,金榜题名的情况如下:

第一甲赐进士及第共 3 名:韩敬、马之骐、钱谦益;

第二甲赐进士出身共 57 名;

第三甲赐同进士出身共 242 名。

这三鼎甲中的两个人,都是和石湫有渊源的。

1626 年,韩敬中状元后 16 年,途经石湫,夜宿明觉古寺,与住持(或者方丈)"生白上人"谈"废兴之由"。

此时离明朝灭亡还有 18 年。也难怪出家人都在谈"废兴之由"。

韩状元写了一首词"渔家傲":《题明觉寺》。

并有序言,作为对生白上人和石湫的纪念:

岁岁平安·黄征

丙寅(1626)春暮,自宛陵(宣城)归。

道假宿明觉古寺。

与生白上人谈废兴之由,慨然久之。

为作小词以识缘起。

夫鹿苑非系驹之场,苾刍(比丘、佛徒)非捧符之吏;

必使褒城之驿重记,然后大云之碣载新,是在采风君子加之意耳。

香城偶挂轮蹄道,送将十丈红尘到。

谁肯炊粱轻一觉。

钟声早,同龛弥勒低头笑。

堂下净瓶刚踢倒,山前虫虎踪如扫。

时节因缘俱凑巧。

还应晓,马牛龙象难同皂。

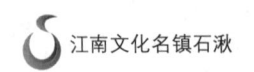

香城指佛国或仙境。

假使唐朝韩愈韩退之（韩愈反对佛教，著有《谏迎佛骨表》等），看到明朝的状元公，如此玄乎玄乎的词作，必定会"垂死梦中惊坐起"。

（韩敬此词的详细解读，参阅本书《客梦梨花夜雨初——明觉寺》篇章。）

万历三十八年的探花钱谦益，与石㵎的因缘，是通过明末清初长期隐居石㵎的林古度而来，也更加深厚。

林古度是（顺治）《溧水县志》的主编。

（详情可参阅本书有关"乳山老人林古度"篇章。）

韩敬访友图

石湫古寺

一、千古南风思正高——上方寺

根据确切的记载，1949年以前的历史上，《溧水县志》，一共编辑过五次。分别是明朝的万历版，清朝的顺治版、康熙版、乾隆版和光绪版。

其中关于上方寺地址的记载，是一致的。译成白话文，意思就是，上方寺在县城以西25里，旧传是三国吴主孙权的祖父孙锺种瓜的地方。孙锺因为天性善良、孝顺，感动了化鹤下凡的仙人，善有善报，所以子孙兴旺。

上方寺南望琛山

再上溯，虽然没有独立的溧水县志，但是元代有《金陵新志》，其中有关于上方寺的记载：上方寺就在孙锺种瓜的所在。并且记明了上方寺建成的年代：唐玄宗开元十二年（公元724年）。上方寺所在的乡，现在还叫作思鹤乡，就是一个证明。

再上溯，南宋年间，公元1228年起，浙江宁波人史弥巩，在溧水当了三年知县。留有诗作，内容涉及上方寺以及孙锺瓜井。史弥巩其人，《宋史》有传。

再上溯，"五代十国"时期的南唐，上方寺的僧人慧海，曾经制作过一块《十玉斋记》的石碑，立在寺中。

（进入北宋后，这块立石，在1108年，宋徽宗大观二年，被充公。）

再上溯，再往前，文字的记载已经不可见了。但是可以根据史实合理推论：

北宋得国，是960年；南唐灭亡，是975年。

在唐朝人724年建寺，到975南唐灭国，这段时间内的人们，是坚信上方寺址，就是孙锺种瓜的地方这个观点的。然后一直到南宋，到明清，都是一样，甚至光绪年，那都是进入20世纪的年代了。

只是今天的我们，对于"仙人化鹤"之类超越我们理解力的"超验"说法，更加慎重。

不能解释的，不简单否定，也不牵强附会。

该存疑就存疑。

上方寺记节选书法

所以小心翼翼。

1228—1230年间,在溧水任职的史弥巩,保持着一个两宋文化人的优良传统。工作之余,遍游境内各处古迹、名胜,留下一组组诗,叫作《十调笑乐府》(未能全部流传下来)。

根据题目分析,这组组诗一共有十首作品,采用的词牌名,叫作"调笑令"。是可以用来唱的歌词。

元代《金陵新志》中,对史弥巩的这组作品,记录得语焉不详。

只记下了两首的题目:《羊左庙》《孙锺瓜井》。

幸运的是,《孙锺瓜井》题下还保留有一首七言绝句:

孙锺原是栽瓜圃,客至尝瓜固其所。
不应司命降从天,至今人指种瓜处。

(县志中诗名《过上方寺,题孙锺种瓜井》)

孙锺只是一个种瓜的瓜农,客人来了就应该给客人瓜吃(史弥巩知县可能比较淡薄市场经济的观念或者物物交换的概念。)

没有想到天降大任,东吴立国,现在的人还在感慨孙锺的瓜,种得真是好啊。

那么,调笑乐府是什么东西?

北宋南宋之际,苏门学士秦观、毛滂、赵令畤等人,就做过这种节目了。

根据前人的作品,或者身边的名胜古迹,指定一个题目,然后新创作一首《调笑令》,再加若干首七言诗。

例如,根据唐朝元稹的传奇小说《莺莺传》(后来的《西厢记》的源头),秦观、毛滂分别创作了《调笑令》加七言诗;而赵令畤,则一口气创作了12首《商调蝶恋花》,号称"莺莺传套曲"。

仅举毛滂作品为例(旁证史弥巩作品的遗失):

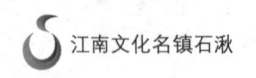

调笑令·莺莺

何处。长安路。不记墙东花拂树。瑶琴理罢霓裳谱。
依旧月窗风户。薄情年少如飞絮。梦逐玉环西去。

春风户外花萧萧,绿窗绣屏阿母娇。
白玉郎君恃恩力,樽前心醉双翠翘。

西厢月冷蒙花雾,落霞零乱墙东树。
此夜灵犀已暗通,玉环寄恨人何处。

而羊左庙,也确实是溧水境内的古迹。

羊角哀、左伯桃,是战国时期的燕国人,平生为死友。听说楚王贤明,就去投奔。

路上食物不够了,其中一人就把所有资源交给另一人,去完成两人的理想,而自己饿死。

他们的墓,在溧水的孔家镇(孔镇)。

因为有了墓,所以在墓上又立了庙。

这个古迹,比孙锺瓜井要早至少400年。

以上想要说明两点,一是以史弥巩的修养(丞相的侄子,好学强记、刚介精明),应该是严格把关题材,不会信口开河的;

二是史弥巩的这套组诗,内容遗失严重。

幸运的是,史弥巩的《羊左庙》还能找到。

咏左伯桃、羊角哀墓

余耳当年刎颈交,所争利害仅毫毛。
一朝泜水相屠戮,岂识羊哀左伯桃。

交情切戒勤终堕，以义存心心必果。

死生可托永无睽，自古中山说羊左。

这里有八句（两首七绝）。也是孙锺瓜井那篇内容有遗失的证明。中山，溧水古名之一。

以上都是文字到文字①。下面看看实物。

孙锺瓜井，除了瓜，还有一口井。

在上方寺原址附近，今天的石湫街道上方村行政村、葫芦坝自然村，那口井还在。

（万历）《溧水县志》记载，上方井，（县城）西二十里上方寺。井上有刊字：唐贞元年记。世传孙锺种瓜井也。

（贞元，唐德宗年号，凑巧也是《莺莺传》故事发生的年代。）

如果这口井还不足信，那么，还有一棵树。一棵银杏树。

上方井向西约 100 米，有一棵银杏树，代代、口口相传，是三国东吴立国后，孙权的母亲吴国太，为了纪念孙锺而亲手种植的。

口传的东西，不能全信；也不宜全都不信。

根据南京市园林局的测定，这棵树的树龄在 1800 年左右，是整个江苏省（含南京市）范围内，现存最最高寿的银杏树。和东吴开国的时间基本吻合。

下面要隆重介绍一位溧水古代历史上最好的知县（从资料看）。他就是湖北襄阳人王从善，进士出身。

本节的题目，千古南风思正高，就是出自王知县的《仲春雨后省荒，宿上方寺》一诗。

王从善嘉靖三年（1524）至七年任溧水知县。

在任期间，爱民救荒，发展生产，兴办教育，政绩卓著，被巡抚、巡按推荐为"循良第一"。

---

① 比史弥巩早的北宋溧水县令周邦彦，也有《过左伯桃、羊角哀墓》诗，本文略。

后升任吏部考功司主事。

这是外部评论。

读一读王知县本人的诗作，就知道他确实是把"民"这个概念一直放在心里的，而不只是喊喊口号。

（题外话，嘉靖三年，也是大明朝第一才子杨慎开始倒霉的那一年。）

仲春雨后省荒，宿上方寺

绿鬓轻霜扫鬓毛，出门流涕尽逋逃。
孙锺井在瓜非昔，吴主陵荒柏自号。
素食已知重负愧，省民何敢更辞劳。
阜财解愠无消息，千古南风思正高。

这首诗的分析，不能光看文字，主要要看立意。

出行目的：省荒。视察灾情。

内省：素食已知重负愧，省民何敢更辞劳。这和白居易的《观刈麦》思想是一脉相承的：

今我何功德？曾不事农桑。
吏禄三百石，岁晏有余粮，
念此私自愧，尽日不能忘。

怎么办呢？关键要找到阜民财、解民愠的办法。

希望南风轻轻地吹：夜来南风起，小麦覆陇黄。

《诗经》是我国最早的诗歌总集。但是还有比《诗经》更早的诗歌，就是民歌，也叫先秦古歌。

其中很著名的一首，叫作《南风歌》：

南风之薰兮，可以解吾民之愠兮。

南风之时兮,可以阜吾民之财兮。

译文:

南风清凉阵阵吹啊,可以解除万民的愁苦啊。

南风适时缓缓吹啊,可以丰富万民的财物啊。

南风,后来成了统治阶层关心民间疾苦的一个代表意象。

王知县照照镜子,头发白了;逃荒的老百姓,还是很多,怎么能安心呢?(绿鉴轻霜扫鬓毛,出门流涕尽逋逃。)

(顺治)《溧水县志》一共选入了王知县6首诗。

其中4首,都是讨论工作内容的,有自省,也有自信。

请看另外3首。

省斋限韵

虚塘高拱值花辰,宰邑无功愧小臣。

白雪是今还是古,青山宜主又宜宾。

放怀天地杯中笑,握手云霄席上珍。

一笑河阳正寥落,斜阳芳草不胜春。

这是自我反省的,管理这个地区,没有什么成绩,很是惭愧(宰邑无功愧小臣)。

中间四句,可以作为四川宜宾五粮液酒厂的广告语。

白雪是今还是古,青山宜主又宜宾。

放怀天地杯中笑,握手云霄席上珍。

一笑。

和端木内翰韵(两首)

朝来观省出东闉,惭愧当年有脚春。

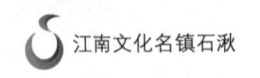

绕盖岚光秋竞爽,隔林枫叶午逾新。
衣冠仪矩青云末,鸥鹭情怀白水滨。
若向中山问消息,太平官对太平民。

萧然天地此虚舟,出宰中山已暮秋。
麋鹿未辞桃柳县,鱼虾空负荻芦洲。
丈夫勋业风霜计,平世桑榆岁月收。
半最倚门且搔首,青山无语白云流。

东阊,东门。

这两首诗,也是应酬诗。应酬诗写到这个境界,说明王从善不但善于治理一个县,也是舞文弄墨的好手。从内容看,王知县马上要离开溧水知县这个工作岗位了(出宰中山已暮秋。平世桑榆岁月收)。中山,溧水古称。

对于这几年取得的成绩,他是高度自信的,甚至有点自负了。

内翰,皇帝身边的人。端木内翰,可能就是石湫端祥村端木家的后人(可参阅本书《瑚琏之后——儒席久珍瑚琏器》一文)。

你可以到溧水去做个民意调查,肯定是官民都满意(若向中山问消息,太平官对太平民)。

因为:当年有脚春。

春脚,旧时称颂有德政的地方官吏。这里自称。

(唐时宰相宋璟,有善政,老百姓称他为"有脚阳春")

这几年,我对于本地,是一个有善政、德政的地方官(所以才敢用"春脚"这个词)。

其实一点不惭愧。

成绩的取得,也不是轻而易举的(丈夫勋业风霜计)。

太平官对太平民。这句天下人可以共勉。

王从善知县治下的溧水确实不错。

他还为后来(万历)《溧水县志》的成书做了前期准备工作。可谓文治武功。

清初顺治年间的闵派鲁知县,在县志里一点都不吝啬对王知县的赞美。

还可以用同时代第三方的视角来证明。

朝廷官员叶观,因公干第一次来到溧水,沿途所见,作诗四首《溧水道中》。其一说:

周遭山献丽,迢递水呈清。
松柏四时翠,稻粱今岁成。
村稠烟火续,望远海云横。
奉使初经此,北风寒正生。

这种"稻粱今岁成。村稠烟火续"的情景,到顺治年间闵派鲁知县的时候,又得以重现。

闵派鲁有个浙江客人颜友筠(可参本书《琛山望湖》篇)(请来帮忙编修县志的);

这个颜友筠又带了族人颜栖筠来到溧水;

这个颜栖筠坐在轿子里,舒服得迷迷糊糊睡着了。

一睁眼吟诵了几句,也叫《溧水道中》:

稍息传烽警,江南汔小康。
雨晴催布谷,麦稔候登场。

只要天下稍微太平一点,勤劳的江南人民就能够取得粮食的好收成。

民亦劳止,汔可小康。
惠此中国,以绥四方。(《诗经》)

民众也劳累了,差不多可以小憩啦;赐予城中的民众恩惠,用来安抚四方。

"稍息传烽警，江南汔小康"。

这两句，何其心酸！所以原谅作者在轿子里睡着了。

他自己也意识到了问题（末两句是：舆中方演梦，愧负仆夫忙）。

从上方寺到王从善知县，放得有点远了。

现在回来，再回到上方寺来。

上方寺模拟图

清乾隆十三年（1748）进士、后任溧水知县的四川人敬华南，有一篇长文《上方寺记》。

全文略。

录开始一段：

余莅任中山，簿书偶暇，乐访古迹，山川名胜，无不备览。邑西十五里上方寺，相传为东吴祖居地。

异代改为梵林，瓜田孙井遗踪可考。

寺中有银杏一株,围可二丈有奇,千秋物也。

土人谓寺与树俱始,知其由来远矣。

(这段文字的译解,可参阅本书《孙锺种瓜》)

在明朝灭亡之前8年(1636)去世的、苏州洞庭东山诗人吴鼎芳,是一个奇人,40岁时,他出家为僧,遍游江浙一带寺庙,留下了两首溧水上方寺的诗作(全国范围内名叫上方寺的寺庙,不止一家,标明溧水,以示区别)。

暮投上方寺

暝色投荒寺,行盘翠几层。

涧花分积雪,桥月递流冰。

一宿同僧被,孤吟借佛灯。

晓看山下路,湿气满霜藤。

人日雨后,上方寺看梅

人日初开社,香风拂寺门。

梅花殊耐雨,一白自成春。

湿气蒸初艳,春声散冷魂。

钟残僧出定,留语坐黄昏。

这两首诗,从内容上推测,有连贯性。都有"湿气"。可能吴鼎芳在上方寺住了不少日子,睡觉也是和僧人在一个床上(一宿同僧被),连新年也是在上方寺过的。人日,是正月初七。

令人遗憾的是,在他眼里,上方寺居然是一个"荒寺"。

在吴鼎芳之前一百年,张宏有一首诗,说的也是"野寺"。

在张宏和吴鼎芳之间,是王从善的年代。

作为溧水知县,他没有嫌弃上方寺物质条件差。

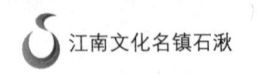

这些，从另一个角度印证了为什么当时借宿、投宿明觉寺的人比较多。

张宏的诗题是《次冷二守游寺诗韵》。

这个冷二守，还出现在过明代著名诗人边贡的诗里。

边贡是明代著名的诗文流派"前七子"的成员之一。

边贡去世于1532年。

所以说张宏比吴鼎芳早一百年。

边贡的诗题是《重阳，冷二守过访，留酌》。

这个名字（或者官衔），重名的概率非常小，应该是同一个人。

但是冷二守游的寺，张宏次韵时作为描写对象的寺，是否一定就是石㵖上方寺，不能作绝对的肯定。

野寺萧萧草色侵，时闻鸟韵出深林。
云开夜半池中月，物感念来镜里心。
道谊从今期白发，声名自此重南金。
无弦琴阁虚窗久，流水高山独赏音。

"心诚求之，虽不中，不远矣"（《大学》）。

史书记载，陶渊明喜爱音乐，但是不懂乐理。自己备了一把古琴，上面没有琴弦。喝酒得意的时候，就做出弹琴的动作。人家笑他，他就说，既解琴中意，何劳弦上声。

喝高了，就说，我醉欲眠，卿可去。

陶渊明还曾写文章叙述最快乐的事情之一，就是夏日北窗高卧，凉风飒然而至，自以为是羲皇上人（伏羲、三皇五帝那个年代，甚至更早的人）。

所以说，无弦琴阁虚窗久，流水高山独赏音。

所以后来李太白说：

两人对酌山花开，一杯一杯复一杯。
我醉欲眠卿且去，明朝有意抱琴来。

所以后来李颀说:

> 长安城连东掖垣,凤凰池对青琐门。
> 高才脱略名与利,日夕望君抱琴至。

"无弦琴阁虚窗久,流水高山独赏音"两句的境界,放进唐诗里,也是可以的。

上方寺模拟图

二、客梦梨花夜雨初——明觉寺

唐朝杜牧说,南朝四百八十寺,多少楼台烟雨中。

南朝时,南京是首都,溧水就是京畿重地,加上自然禀赋好,山清水秀,正是兴建寺庙的好地方。

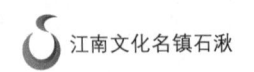

进入唐朝以后,这个风气没有减弱。

初唐、盛唐都是。

中唐阶段,唐朝佛教也是兴盛的。

但是,到唐武宗会昌年间(841—846),有一个惊天动地的事件:灭佛。

天下各地,大的州,留寺一所;小的州,寺院全部拆废。

佛教徒称之为"会昌法难"。

唐武宗去世后,佛教又兴盛起来了。

可能属于"报复性反弹"。

咸通十年,869年,在今天的明觉社区,"正觉寺"被建造起来了。

明觉寺模拟图

元朝时,改名为"明觉寺"。

明清时期屡有兴毁。今存遗址。

(顺治)《溧水县志》中关于明觉寺的记载中,说道:"前令栾尚约、巡按龚文选、西吴韩敬俱有诗。"

按照这个线索,先欣赏一下明朝溧水县令(前令)栾尚约的《明觉寺》诗:

几向江村问草庐,每来山寺息肩舆。
乍明佛像原非有,顿觉尘缘尽是虚。
修竹绕池春色净,老松栖鹤月轮初。

波罗有路何能到,五蕴从今着力除。

栾尚约,山东人。明朝嘉靖年间进士。擅长丹青(绘画)。

进士、县令,已经是高级知识分子了。很多书上记载,明朝士人,在仕途上,依据的是儒家思想;平时谈论的,以佛、道居多。

栾县令这首诗所塑造的,就是一个佛教信徒的形象了。

不过这种诗风,从唐朝王维开始,就很普遍了。

肩舆,肩抬的轿子,一种代步的交通工具。

息肩舆,偷得浮生半日闲的意思;

波罗,梵语音译,到达彼岸;

五蕴,色、受、想、行、识(物质、感受、想法、行为、意识)。

《心经》里说,五蕴皆空。

栾县令这首诗,是题写在明觉寺的某一面墙壁上的。

古人叫"题壁"。

这是在当时历史条件下的一种比较好的保存和传播的方法。比如苏东坡《题西林壁》(不识庐山真面目);还有"老僧已死成新塔,坏壁无由见旧题";谭嗣同《狱中题壁》、郁达夫《钓台题壁》,等等。

现在虽然看不到明觉寺当年盛况,但是,从栾县令诗的五、六两句,"修竹绕池春色净,老松栖鹤月轮初",我们依稀还能想象一下当年明觉寺的环境。

一个字,美。

老松栖鹤,正与"思鹤乡"之"鹤"隐隐关照。

过了若干年,一个万历年间的进士,傅淑训,路过了石湫,因为雨大风大,就在明觉寺里借宿。

读书人的习惯,四处转转看看。

很快就看到了栾县令的题诗。

但是,傅淑训已经看不出原诗的作者是什么人了。

所以,傅的诗题就叫《风雨,宿明觉寺,次壁间韵》:

明觉寺模拟图

  冲泥投止叹无庐,古寺逢僧此下车。
  千里风尘缘底事,一春莺燕又成虚。
  人家寒食黄昏后,客梦梨花夜雨初。
  何似皈依莲座去,却将尘虑尽蠲除。

  这是一首次韵诗。只是把第二个韵脚"舆",改成了"车"(ju)。这是古时作诗的游戏规则所允许的。
  一是这两个字还属于同一个"韵部";
  二是"舆"字里面有"车"字,非常巧思。
  傅淑训是湖北人,20岁就考取进士,名不虚传。
  冲泥,踏泥而行,不避雨雪。
  投止,投宿。
  傅淑训这次路过石湫,时间是在春天,清明节的前两天,寒食。
  他看到明觉寺寺僧的平静生活,不禁心生羡慕,从而感慨起自己当官的不容易了。
  千里风尘,为了什么呢?
  一春莺燕,看看又要错过了。

不如皈依佛祖,把尘世间的一切杂念,统统都除去(蠲[juān]除)了吧。

当然,这只是写诗的时候说说的。

除了李叔同,成名人物中,很少看到能真正做到"尘虑尽蠲除"的。

说到的很多。

人家寒食黄昏后,客梦梨花夜雨初。

这一联工而且美。情、景都有了,言尽而意不尽也有了,赞!

到了明朝末年,曾经担任广东布政使的扬州人顾元镜,也和明觉寺有至少两面之缘。

过明觉寺,次壁间韵

冲炎何处问君庐,偶到禅林试卸车。

万事蜗名将不去,百龄驹隙总成虚。

逍遥自昔通齐物,止足何年望遂初。

此去前途犹汗漫,且将烦恼暂消除。

顾元镜肯定读了傅淑训的诗,然后,想象着给傅上了一堂思想教育课。

顾很"正能量",儒、释、道打通了。

顾元镜是在夏天,冒着炎热(冲炎)来到明觉寺的。

也许是为了安慰一个溧水的朋友而来(问君庐)。

"止足"两个字,用得巧妙,既是停下脚步,又是要知足。又呼应上面的"卸车"。

《老子》:知足不辱,知止不殆,可以长久。

蜗名、驹隙、逍遥、齐物,都是《庄子》里的套路。

用白居易的诗句表达,就是"蜗牛角上争何事,石火光中寄此身"。

最后安慰朋友,或者安慰自己,前途还是光明远大的(汗漫:广大无边)。

因为这三首是同韵诗,所以先放在一起欣赏。

然后再来寻找明朝"巡按龚文选"的诗。(实际上顾元镜还有一首五言

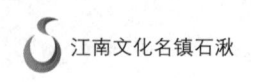

诗，见后。）

过明觉寺

龚文选

再度招提揽辔东，新花飞雨湿行骢。
两歧喜见渔阳瑞，一榻还看鹫岭风。
佛日高春悬几阁，优昙缥缈散崆峒。
静中都是阎浮界，觉破应知世味空。

龚巡按这次来到明觉寺，时间应该在暮春，还有"新花飞雨"，麦子已经抽穗，而且一根茎秆上结出了两个穗头（两歧），这是一种祥瑞的征兆。

这个典故出自东汉的渔阳太守张堪。他治理有方，使人民安居乐业。

从这句诗，可以猜想溧水地方官员陪同龚巡按游览明觉寺，这是对地方官员的表扬，也显示我巡按大人的气度。

招提、鹫岭，都是指佛寺。其中"招提"一般是指未经政府批准、民间集资建造的寺院。

佛法广大，普济众生，如同太阳普照大地（佛日）。

时间不早了，日影西斜，又要到接近黄昏时分了（高春）。

优昙，佛教中一种难得看见的花。

崆峒，崆峒山，庄子描写为黄帝向智者广成子问道的地方。在今甘肃省平凉市。

阎浮界，即阎浮提，泛指人世间。

明朝的官员，都是谈佛论道的高手。

最后，龚巡按在明觉寺的"觉"字（也是佛教教义中一个重要的字眼）上做文章：觉破应知世味空。

再按照(顺治)《溧水县志》的记载，寻找"西吴韩敬诗"。

韩敬，浙江人。万历三十八年状元。

据记载，韩敬年少时就天资颖异，其父目之为千里驹。又好佛学，通释典,游学于莲池大师,曾随其放生于西湖莲胜社。

1626年,韩敬中状元后16年,途经石湫,夜宿明觉古寺,与住持(或者方丈)"生白上人"谈"废兴之由"。

此时离明朝灭亡还有18年。

难怪出家人也要谈"废兴之由"了。

韩状元写了一首词《渔家傲》:题明觉寺。

并有序言,作为对生白上人和石湫的纪念:

丙寅(1626)春暮,自宛陵(宣城)归。
道假宿明觉古寺。
与生白上人谈废兴之由,慨然久之。
为作小词以识缘起。

夫鹿苑非系驹之场,苾刍(比丘、佛徒)非捧符之吏;
必使褒城之驿重记,然后大云之碣载新,是在采风君子加之意耳。

在序言中,韩敬对当前的吏治腐败提出了委婉的批评,毕竟他也是"此中人"。这也是他和出家人谈"废兴之由"后"慨然久之"的原因。

韩状元说,如果晚唐讽刺吏治败坏的文章《书褒城驿壁》能够重新书写;盛唐的《大云寺碑》,是因为天下太平皇帝下旨到处修庙,碑上如果能够增加新的内容(即现在也是天下太平),那就好了。

有关人员(采风君子)要注意啊。

韩状元真是"曲尽其妙"。深得"春秋笔法"。

鹿苑非系驹之场,比丘非捧符之吏,也可以多解。

所以他只能借着玄乎玄乎的词作,来发发感慨了(马牛龙象难同皂)。

香城偶挂轮蹄道,送将十丈红尘到。
谁肯炊粱轻一觉。

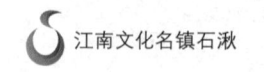

钟声早,同龛弥勒低头笑。

堂下净瓶刚踢倒,山前虫虎踪如扫。
时节因缘俱凑巧。
还应晓,马牛龙象难同皂。

(韩敬词可参阅本书《石㳇的状元、探花情缘》篇章。)

顺治版县志在"明觉寺"词条中提到的三个人的诗赏毕。

上面因为同韵诗的关系,带出曾经担任广东布政使的扬州人顾元镜。顾元镜曾经至少两次来过明觉寺,第二次也有诗的记录。

重宿明觉寺

顾元镜

寂寞招提路,炎氛两度披。
山僧犹识面,旧句已陈碑。
踽踽空形役,揶揄有梦知。
故园三径在,为我寄凉飔。

这次的顾元镜明显没有第一次时候的慷慨激昂了。

寂寞,踽踽,郁郁寡欢的样子。

但"故园"两个字,不太好理解。

莫非他像林古度一样,在附近置有别墅?(三径就荒,松菊犹存。携幼入室,有酒盈樽。就像陶渊明的《归去来兮辞》一样。)

那又为什么借宿在庙里呢?

也许只是对自己故乡的思念,不能过分解读。

明代时,有个江西南昌人,杨春茂,来过明觉寺,留下了一首诗,值得现在的明觉人自豪。

因为当时的明觉集镇,在一个南昌人看来,已经是一个繁华的"火树银花不夜城"了。

题明觉寺

杨春茂

路入招提一境清,亭亭午色送晴明。
山僧爱客忙参礼,林鸟依人故纵声。
菜麦渐惊原上变,云霞早逐马头生。
宦游又是芳成后,火树银花不夜城。

杨春茂不忘提醒读者,他是一个当官的人(宦游)。(与君离别意,同是宦游人)(王勃)

万历进士、曾经官至监察御史的浙江湖州人骆骎曾,则要低调得多。

他也借宿在明觉寺,写了两首诗,一点也没有显摆宦游。

宿明觉寺二首

骆骎曾

其一

少年山寺听寒鸡,一入风尘路欲迷。
犹有清缘无恙在,行骢依旧入招提。

其二

野寺寒云驻客频,绣衣偏借宠光新。
埋轮莫讶何多事,恐有豺狼解笑人。

第一首,骆监察表示,虽然经过这么多年风尘磨炼,但自己还保有纯真的少年心,和向佛、向善的心。

第二首就复杂多了。骆监察虽然是个监察御史,但是,对于当时(明末)

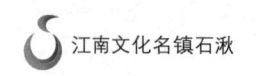

得到皇帝宠幸的宦官,也是无能为力的。

《后汉书》里有个典故。当时有个大将军专权。皇帝派了八个官员巡视全国,纠察吏治。七个人接受命令走了。

只有一个叫作张纲的,不接受命令,"独埋其车轮于洛阳都亭,曰:豺狼当路,安问狐狸"!

张纲进而上书弹劾大将军,揭露其罪恶,京都为之震动。

后人以"埋轮"为不畏权贵,直言正谏之典。

骆监察"埋轮莫讶何多事,恐有豺狼解笑人"这两句的意思,就有点意思了。可以多解。

回过头来,再读骆监察第一首诗,对于"一入风尘路欲迷",就多了一份同情;

对于山寺听寒鸡的少年、"行骢依旧入招提"的中年,就多了一份理解。

骆监察还有一个学生,叫王孙昌,跟随老师的步伐,也到了明觉寺;还步老师的诗韵,唱和了两首。

过明觉寺,和骆老师韵二首

王孙昌

其一

钟声嘹亮集晨鸡,潩圹绀园径不迷。
万事累人头上发,降心我欲住招提。

其二

春残可奈落花频,一到诸天眼界新。
问俗还留骢马迹,光摇采笔语惊人。

潩,广阔。圹,坟墓。

绀园,佛寺的别称。

明朝的读书人,对佛家典籍的研究,功夫看来真是深的。

上面十来首诗词,佛家词汇很多,单是寺庙的代称,就有多种。

从传播的角度,是好事也是坏事。

王孙昌两首诗,和得很有水平。

第一首简直他是老师的口气。

第二首又不着痕迹地给老师送上了一顶"高帽子"。

明觉寺现在虽然小了很多,但是通过前人文字的记载,我们还能依稀感受到当年的人、事、境。

"修竹绕池春色净,老松栖鹤月轮初";

"人家寒食黄昏后,客梦梨花夜雨初";

何其美好。感谢曾经的明觉寺!

这也正是文字、文化的生命力和魅力所在。

笔者在撰写本文的过程中,吟读傅淑训的次韵诗,深深喜欢"人家寒食黄昏后,客梦梨花夜雨初"一联,尤其是"客梦梨花夜雨初"一句。因此有了也次韵一首,向栾尚约、傅淑训致敬的想法。

今日明觉寺

现代人学习、写作古体格律诗(古人称为"今体诗"),困难在于没有统一、公认的规则。1958年颁布的拼音方案(相当于传统概念中的"官修韵书"),和传统的"韵书"(如《平水韵》等),不能无缝对接。尤其是关于"四声"

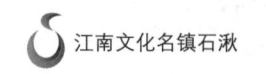

（用于区分"平仄"）的规定不一样（拼音中没有"入声字"）。

古体格律诗的传承、发展，到底应该怎么样，不必忙着下结论，可以交给时间。从《诗经》到唐诗，中间也过了一千多年，才成熟、定型。不拘泥于格律的成名诗人，代有其人。形式（最好兼具内容）的传承，也是传统文化生命力的体现。

2018年五一，自驾南阳、蓝田访玉；先经卧龙岗，次韵傅淑训

早岁曾知诸葛庐，寻来自驾四驱车。
飘飘独立如遗世，浩浩御风似蹈虚。
默念放翁书愤句，暗思忠敏渡江初。
古今俯仰三杯酒，梦里渔樵一醉除。

苏轼《前赤壁赋》：浩浩乎如冯虚御风，而不知其所止；飘飘乎如遗世独立，羽化而登仙。

陆游《书愤》：楼船夜雪瓜洲渡，铁马秋风大散关。

辛弃疾《鹧鸪天》：壮岁旌旗拥万夫，锦襜突骑渡江初。

汪元量《徐州》：古今尽付三杯外，豪杰同归一梦中。

杨慎《西江月》：要知成败是和非，都在渔樵话里。

后来从石㵗去南京，途经溧水柘塘镇，想起唐朝刘太真的祠、墓皆在此地（刘太真事迹参阅本书"乳山老人林古度"篇），想要凭吊一番。

偶遇附近村民，说不知道："太真？刘家的墓？不晓得。只听说过杨太真杨贵妃"。

《唐礼部侍郎刘公祠记》，今存（顺治）《溧水县志》中。

文中清清楚楚记载刘太真墓在此（柘塘）。

正如文中所言，"呜呼，金陵古帝王州，达官贵人累丘陇"，现在都已经湮灭无闻了。

刘太真，到底比不过杨太真。一笑。

笔者于是模拟西吴韩敬"与生白上人谈废、兴之由"，怀古念今，集古人

成句,再次韵傅淑训两首,时间在 2019 年 7 月 29 日。以博通人君子一笑。

刘太真(JUDE)

渊明人境自结庐,冯谖弹剑求出车。
秋风渭水吴处士,春江花月张若虚。
故国深宫三千里,豆蔻梢头二月初。
天长地久有时尽,不胜清怨怨难除。

杨太真(MRS)

北阙休书归敞庐,自缄红泪请回车。
言下忘言一时了,梦中说梦两重虚。
雨暗残灯棋散后,酒醒孤枕雁来初。
二十五弦弹夜月,此情无计可消除。

桃花乱落红尘雨·苏克

石湫古村落

一、端祥村·儒席久珍瑚琏器——子贡后人

在溧水的不少自然村落,繁衍生息着春秋、战国之际的一位哲人的后代。这位哲人,就是"孔门十哲"之一的端木赐(子贡)。

上方村口

在孔子弟子中,子贡是把"学"和"行"结合得最好的一位;也是把"义"和"利"结合得最好的一位。

司马迁在《史记》中,对孔门弟子着墨最多的,也是子贡。

在《论语》中,孔子和子贡(赐)有一段对话:

子贡问曰:"赐也何如?"

子曰:"汝器也。"

曰:"何器也?"

曰:"瑚琏也。"

子贡问老师孔子,我怎么样?

孔子说,你是一样东西。

子贡又问,我是什么东西?

孔子说,你是瑚琏。

瑚琏:古代祭祀时盛粮食的尊贵器皿。

夏朝叫"瑚",殷朝叫"琏"。

比喻人特别有才能,可以担当大任。

今日石湫街道上方村行政村、端祥自然村,端木氏后人藏有《端木氏宗谱》。谱载,南京端木氏是孔子门生端木赐后代。

上方村鸟瞰

端木氏先世原籍山东济宁府。

随宋高宗赵构南渡,护驾金陵,初居乌衣巷,续迁溧水留下村、思鹤乡荷花塘。

到了明朝初年,溧水端木氏出了两位优秀的兄弟外交官:

端木孝文、端木孝思。曾先后出使朝鲜。

哥哥孝文到了朝鲜,"朝鲜重其才,将厚为寿"。

孝文说,我持一节来,请以一节返。

不要贿赂我,我是外交使节,"节气"是第一位的。

不久,弟弟孝思也出使,哥哥写了一首诗给他。

送孝思弟使朝鲜

我曾持节往朝鲜,汝亦承恩下九天。

手足情深当此日,君臣义重报何年。

云笼鸭绿江船月,风拂鸡翎土坑烟。

奉使若无冰檗操,才如班马也徒然。

冰檗,寒苦、艰辛。

好哥哥。对弟弟提出了道德操守方面的提醒和要求。

假如有才无德,那么,就算有司马迁、班固一样的才华,又有什么用呢?

国家重用你,派你出使朝鲜,你应当对得起国家和家族。

也是在石湫,今日之横山村行政村、陈沿自然村,也有端木氏后人,在他们宝有的《端木氏宗谱》中,对孝亲、尊师、择交、学艺等,都有清晰的规定。

端木孝思可能是个风流倜傥、享乐型的人物,需要哥哥的耳提面命。

试看他的一首《溧水秋咏》:

暂停车盖驻轻舟,此日湖山属暮秋。

灿灿黄花登几席,离离红树散汀州。

倾壶绿蚁杯频传,下箸鲜鳞网乍收。

莫向钱塘夸往事,白苏未许擅风流。

孝思是个美食家。刚收网打上来的湖鲜,才能下筷子。

频频举杯(绿蚁新醅酒)。已经超过了白居易、苏东坡曾经任职的杭州(钱塘)了。对故乡溧水的感觉良好。

(在孝思心里,杭州好于苏州。否则他完全可以说"莫向苏杭夸往事,白苏未许擅风流"。因为白居易还曾任职苏州,而苏东坡以未曾任职苏州为恨事。戏说,一笑。)

孝思还是一个书法家。

有他退休时同事、朋友的赠诗为证。

送端木孝思还溧水

曾 棨

早年江右仰芳名,阙下逢君白发生。
栗里风光归去乐,兰亭书法老来精。
玉堂金马留真迹,白石清泉有旧盟。
此去乡山殊不远,好将消息到神京。

孝思退休后,去拜访自己早年的老师。

老师有事相托。当面没有说得出口。事后寄了一首诗。

对他这位端木氏的后人,给予了他所能给予的最最高度的评价。

寄巇山端木孝思

朱润祖

巇山才子多年别,高士南来话起居。
儒席久珍珊瑚琏器,太阿今现斗牛区。
诗因骨蜕无人敌,书到天然足自娱。
衰老何由见颜色,沧江渺渺倍愁予。

巉，山势高峻。以巉字作山名，并不罕见，溧水也有。林古度描写石湫乳山，用的是巉字的本义：二峰竦峙，岩石巉削。

朱老师说，端木家的人，老早就是我们儒家子弟当中的珍宝（瑚琏器）；今天端木家的人，还是珍宝，像一把名剑（太阿），剑气一直可以冲到天上，具体到天上哪里呢？就是斗和牛两个星宿的地方；因为斗和牛两个星宿对应的地上的范围，就是我们长江中下游地区。

（王勃《滕王阁序》：物华天宝，龙光射牛斗之墟；苏轼《前赤壁赋》：月出于东山之上，徘徊于斗牛之间。用法是一样的。牛斗、斗牛，顺序问题，意思一样，只要不是西班牙"斗牛"。）

朱老师还比较客观地评价了学生的"诗"和"书法"：诗很好，经过几次进化（骨蜕）后，已经"无人敌"了；书法嘛，虽然说已到"天然"的境界了，但还是"自娱自乐"为妙（当然也可以理解为夸奖书法）。

朱老师的儿子，可能不太孝顺，他最后两句婉转地向学生"吐槽"了自己的苦闷，也许希望借助得意门生的力量，来教育教育自己的儿子。

《论语》里说，子夏问孝，子曰：色难。

子夏问孔子，什么是孝。孔子回答说：不管在什么情况下，对待父母要和颜悦色，这是最难的。

衰老何由见颜色，沧江渺渺倍愁予。

朱老师说，我老了，没有看见和颜悦色，这是我现在加倍愁苦的事情。

沧江，江水呈苍色。

朱老师住在溧水，不至于用"沧江"一词。

杜甫说，"一卧沧江惊岁晚"，应该是朱老师心境。也许学生的名字"孝思"，也引发了他的"思孝"。

名师出高徒。此诗可见。

（朱润祖，溧水人，明朝洪武年间曾经担任过浙江临安县教谕。）

端木赐（子贡）对老师也是从头到尾尊重维护的。

在孔子离世十九年后，有人诽谤孔子。子贡非常巧妙地予以了回击。

《论语》记载：

叔孙武叔语大夫于朝曰:"子贡贤于仲尼。"

子服景伯以告子贡。

子贡曰:"譬之宫墙。赐之墙也及肩,窥见室家之好。夫子之墙数仞,不得其门而入,不见宗庙之美,百官之富。得其门者或寡矣。夫子之云,不亦宜乎?"

子贡的意思是,因为我家围墙矮,你们能看见里面风景,觉得很美;我老师的围墙太高了,里面风景比我美多了,但你们连门都找不到,更谈不上欣赏里面风景了。怎么知道我的好呢?明确告诉你们,我比我老师差远了。

子贡辞行图

叔孙武叔毁仲尼。

子贡曰:"无以为也。仲尼,不可毁也。他人之贤者,丘陵也,犹可逾也。仲尼,日月也,无得而逾焉。人虽欲自绝,其何伤于日月乎?多见其不知量也。"

这一段,子贡的回答更绝:我是一个小山包,你能翻越过去;孔子是太阳月亮,你能翻越吗?你如果想自绝,太阳月亮会有什么损伤吗?

考之《端木氏宗谱》,石湫端祥村端木氏字辈为:明德新成亲贤乐利礼义传家和怡佑受定静安祥得修齐治平均。

当下"礼、义、传、家"辈者居多。

端木孝文、端木孝思的父亲端木以善,和明朝的开国大学士宋濂,也是朋友。端木以善的墓志铭,就是宋濂写的。

铭文中说:

　　端木以善,名复初,字以善,姓端木氏;
　　祖先为卫人,出于孔门弟子子贡之裔;
　　今独以"端"称氏者,从省文也。
　　一迁于大梁,再迁金陵乌衣巷,三迁于溧水之巆山。

二、老虎头村·青睐会是阮步兵——阮籍后人

在我国文化史上,尤其文学领域,"建安风骨",是一个神一样存在的特定概念。

建安是东汉献帝的年号,时间是公元196—220年。这个时间,正好是吴郡孙锺,流寓在今天的石湫上方村一带,垦地种瓜的时间。

所谓风骨,风是精气神韵,骨是表现形式。"建安风骨"就是雄健有力、自强不息的风格、气派。

代表人物是"三曹""建安七子"、蔡琰。

他们的作品,直面真实的社会、人生、内心。

鲁迅先生誉之为"文学的自觉时代"。

李太白有诗:蓬莱文章建安骨、中间小谢又清发。

非常幸运,溧水石湫,和"建安七子"之一的阮瑀、"小谢又清发"的谢朓,有着直接的关系。

在今日石湫街道,横山村行政村、老虎头自然村,村长阮成林的家中,珍藏着一套煌煌九十分册的《阮氏家谱》,记录着先祖曾经的辉煌与沧桑。

阮瑀在"建安七子"中,以写作应用类公文见长,与陈琳齐名。曹操当然是一世枭雄,文韬武略兼备;但曹操想改动阮瑀"倚马可待、一挥而就"的文稿,竟然找不到可以让他修改的地方。

后来,阮瑀的儿子阮籍,为了躲避执掌曹魏政府实权的司马氏的征召,借酒避祸。"不是樽前爱惜身,佯狂难免假成真"①。留下了"青白眼""软步兵"两个令人含泪而笑的佳话。

意气相投的人,比如嵇康,青睐有加;嵇康的哥哥嵇喜,却是白眼相对。

阮籍听说步兵营的厨师善于酿酒,就辞去了比较高的本职,要求调动工作去步兵营,当了一个"步兵校尉"。

钟会,是后三国时代曹魏的一个重臣,几次想通过征求阮籍对待时事的看法来陷害他,"欲因其可否致之罪,皆以酣醉获免"。你说"可",或者"否",都可以治你的罪;但我醉了,什么也没说,所以也无罪。

阮瑀的孙子、阮籍的侄子,阮咸,和叔叔一起,也加入了"竹林七贤"的行列。

叔侄二人既解诗酒、又精通音律。今天的民乐乐器中,还有一种弹拨乐器叫作"阮"(有大中小、高低音之分),据传就是阮咸定型的。

1960年,南京西善桥出土了一座东晋古墓。

阮籍

嵇康

阮咸

---

① 郁达夫诗。

墓中"竹林七贤"的砖画（现已成国宝），据画史专业人士分析，砖画的纸本原稿，极有可能是东晋大画家顾恺之的手笔。

叔侄二人特色鲜明，一个饮酒，一个弹阮，可能是最接近真实的"魏晋风度"的形象了。

奠定阮籍历史地位的，并不是烂醉或者佯狂，而是他的包括82首《咏怀诗》在内的作品。"把受残酷政治迫害的痛楚哀伤，曲折而强烈地抒发出来，大概从来没有人像阮籍写得这样深沉美丽"①。

根据阮成林村长的《阮氏家谱》记载，阮氏的再次兴盛，是在南宋咸淳年间；

然后是在朱元璋明朝开国之初的南征北战中，阮氏先人以军功保家卫国、立身扬名。

唐朝元稹说，琴待嵇中散，杯思阮步兵。

（嵇康一死，《广陵散》失传）

宋朝苏轼说，千古风流阮步兵。空留风韵照人清。

所以，七子七贤我可名，青睐会是阮步兵。

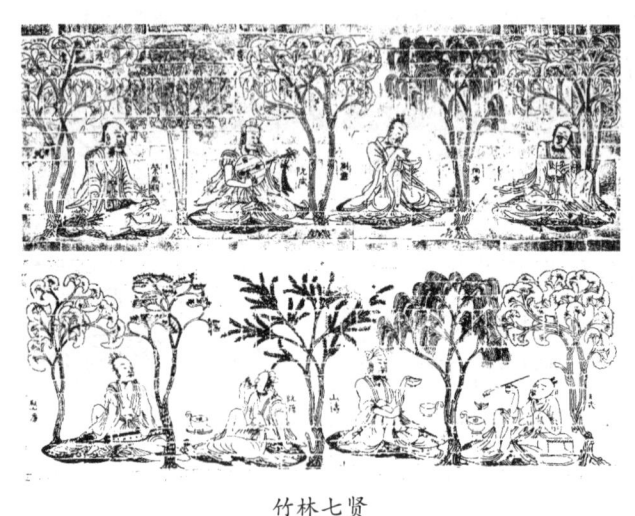

竹林七贤

---

① 李泽厚，《美的历程》。

三、谢家村·正是东山再起时——谢安后人

凡是唐诗宋词反复吟咏的人物,就一定是个人物。

东晋谢安(安石),就是一位。

没有出山的时候,他携歌女游东山,掩人耳目。

当时人说,这是要把天下苍生放在什么地方啊。

东山再起,淝水之战,为东晋赢得数十年的和平局面。

也留下了"八公山上、风声鹤唳、草木皆兵"的成语。

谢安

而当捷报传来,谢安了无喜色,继续下棋,还带赌注。

这样的风度、境界,虽然能想象,还是可望而不可即。

他治国以儒、道互补,作为高门士族,能顾全大局,以谢氏家族利益服从于晋王室利益。

"江左风流宰相,唯谢安一人而已"[1]。

作为谢安同族后辈,谢灵运(大谢)、谢朓(小谢),可能也有家族基因的。

谢朓(小谢)曾任宣城太守(南朝萧齐时)。

唐朝时,溧水属宣城管辖。李太白是一个谁也不服的人,杜诗圣也不在他眼里。但是,从写诗的角度,"青莲才笔九州横""一生低首谢宣城[2]"。

所以,李白到了宣城,几乎重走谢朓路,直过溧水石臼湖,一直到金陵。一路走一路感慨:

---

[1] 王俭(南朝宋齐间)语。
[2] 王士禛,《论诗绝句》。

蓬莱文章建安骨、中间小谢又清发。
谁念北楼上，临风怀谢公。
解道澄江净如练，令人长忆谢玄晖。

从地理距离上推测，溧水作为六朝古都的后花园，最为宜居。谢氏后人生息期间，也合情合理。

今天的谢家自然村，隶属于石㵉街道九塘村行政村，古名辽园村。

村民谢英厚，家藏有一套《谢氏宗谱》。

卷一记载，谢氏始迁祖谢爱溪，生卒年为1112—1183年。这是北宋、南宋之交的年代。

谱载："公先居金陵省城，过溧水之思鹤乡，爱其峰峦环抱，田土膏腴，人民纯朴，遂卜宅于辽园而迁居焉"。

又载："公以积德累仁为本，创业传家，肇基忠厚。其流风余韵，乡之父老常称道于不衰，以致子孙繁衍，后世永昌。金陵乌衣巷是谢安故居所在，公乃谢安第三十世孙"。

谢安的生卒年是公元320—385年。

以平均20年为一代，30世，加600年，是985年，基本吻合。

回到唐诗宋词以及后人对谢安的追慕上来：

李白有诗赞曰：

三川北虏乱如麻，四海南奔似永嘉。
但用东山谢安石，为君谈笑静胡沙。

西晋后期，有个"永嘉之乱"，北方匈奴作乱，西晋灭亡。晋室南渡，有了东晋。东晋用了谢安，天下太平。

白乐天说：

贤愚共在浮生内，贵贱同趋群动间。

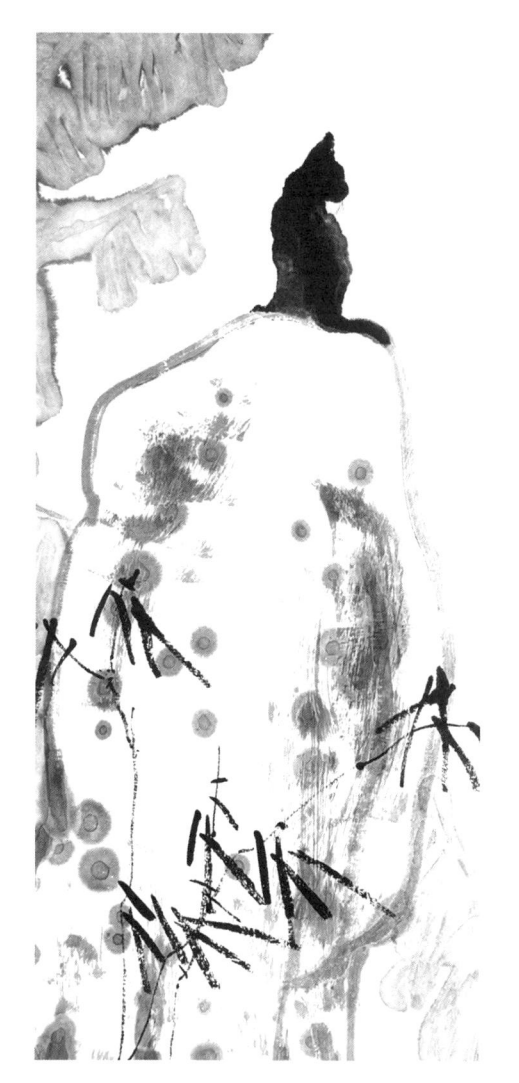

安稳·小庆

多见忙时已衰病,少闻健日肯休闲。
鹰饥受绁从难退,鹤老乘轩亦不还。
唯有风流谢安石,拂衣携妓入东山。

不管贤愚贵贱,生存是第一位的。
不忙到衰病,谁肯休闲呢?

饥饿的老鹰,(为了一口吃食)被绳子牵绊住了,进退不得。就算已经得势的人(乘轩鹤),不熬到老也不会回头。

只有风流的谢安石,"拂衣携妓入东山"。

另外一个安石,王安石,稍微发出了一点批评的声音:

  谢安才业自超群,误长清谈助世纷。

魏晋风度其中的一点,清谈。

清谈误国,暂不置评。

但对于谢安这样要求,苛刻了。

还是陆游厚道:

  岂少名山宇宙间,地因人胜说东山。

明末清初的钱谦益,心心念念的事情,就是"东山再起"。

1644年春节,他题诗中说:

  衰残敢负苍生望,自理东山旧管弦。

钱谦益的政敌,坚决打压他,不让他复出。说,你就负责一下民间的娱乐活动好了,你不是有柳如是吗?你就管领一下东山管弦,像谢安在东山时一样。

清朝学者阮元赞曰:

  六朝数伟人,谢傅名独震。
  破贼付儿辈,风鹤走敌阵,
  高卧东山东,勋名峙两晋。

这几句不需要翻译了。

另一个清朝大佬龚自珍,说,东山歌女,也是天下苍生中的一员:

> 不容儿辈妄谈兵,镇物何妨一矫情。
> 别有狂言谢时望,东山妓即是苍生。

龚自珍的这首诗,甚得陈寅恪先生的欢喜。

他在写作《柳如是别传》的过程中,戏题一绝:

> 兴亡江左自伤情,远志终惭小草名。
> 谁为谢公转一语,东山妓即是苍生。

远志和小草,也是说的谢安:

小草,一味中药。在山里没有被采摘的时候,名字叫"远志";一旦出山,就被叫作"小草"。

安石不肯出,将如苍生何?

(既出),苍生今亦将如卿何?

> 三十年来麋鹿踪,若为老去入樊笼。
> 五湖春梦扁舟雨,万里秋风两鬓蓬。
> 远志出山成小草,神鱼失水困沙虫。
> 白头博得公车召,不满东方一笑中。

(翰林待诏文徵明)

文徵明这几年忽然吃香起来了,成为一种"坚持就是胜利"的励志的代表。要么熬到出众,要么熬到出局。"神鱼失水困沙虫"。牢骚也是有的。

如果把文待诏和同时代的六如居士相比,还是白居易的诗总结得到位:

中庭步月·文徵明

贤愚共在浮生内,贵贱同趋群动间。

笔者缩写白乐天上述诗后六句为两句,续貂曰:

鹰饥鹤老既不免,令人常忆谢东山。

不负韶华出九关·苏克

四、端秦村·横阳秦氏旧家声——秦琼后人（附齐泰）

《旧唐书》《新唐书》作为正史,肯定没有小说、评书《隋唐演义》《说唐》来得更加深入人心、妇孺皆知。

但唐初有一位勇将,却是正史、演义都浓墨重彩书写、刻画的。

此人便是山东历城秦琼,秦叔宝。

正史记载,秦琼随李世民征伐,每当遇到敌阵中炫耀自己兵强马壮的武将,李世民就让秦琼前去,单枪匹马,常将敌将斩杀于万军丛中。(评书的说法是,万马军中,取上将首级,如探囊取物一样。)

贞观十二年(638),秦琼病故,被追赠为徐州都督,陪葬昭陵。李世民特意下令在秦琼墓前造石人石马,用以彰显秦琼的战功。贞观十七年,李世民命阎立本画秦琼等24名功臣的画像,挂入凌烟阁,以供自己怀念,后人景仰。

秦琼

到了北宋"靖康之变"后,历城秦氏后人随王室南迁。

其中一支,于南宋时定居溧水西横山脚下。传三世后至秦国鼎。

元朝初年,秦国鼎参加南闱乡试,考得第一,成为解元。

秦国鼎当年居住、归葬的村庄,名叫秦塆头村。南距桑园蒲村1.2公里,北距雨山1公里,西与端家庄连接成片。今天与端家庄合称"端秦村"(石湫街道横山村行政村端秦自然村)。

石湫秦氏,从秦国鼎开始显赫。

到了他的外甥那一代,明朝洪武、建文年间,达到顶峰。

再到了永乐年间,大祸从天而降,几乎遭遇灭族之灾。

在今天的端秦村村民、90岁的秦享华老人家中,保存有一部重修于清末光绪二十六年、"文化大革命"时藏身猪栏夹墙的《横阳秦氏家乘》,细述着家族的往事,也是保存着民族的历史。

秦国鼎的外甥齐泰,也是溧水人(齐泰祖居地在石臼湖南岸,现在已划入高淳区)。齐泰在洪武二十年,举应天府乡试第一名,解元;

外甥提灯笼,照舅。第二年,就考上了进士,超过了舅舅。

有一年,雷电击中了朱元璋的宫殿,朱洪武很害怕,以为老天降罪,马上

/ 0/5 /

端秦村·小庆

到郊庙里去祈祷。挑选陪同的官员,条件是平时的工作表现、考核业绩。齐泰因九年没有任何差错而入选。名字也是皇帝赐改的(原名齐德)。

洪武三十年,任兵部左侍郎;第二年,升兵部尚书。受顾命(老皇帝托付,照顾、帮助年幼的小皇帝)。

齐泰作为朱元璋的"托孤重臣",因为建议建文帝朱允炆采取"削藩"政策,被后来的永乐大帝朱棣作为第一重点清除对象而诛杀。

族人也多被其案牵连,秦氏有13人遭充军发配。

"靖难之役"是明初围绕皇权斗争日趋激化的结果。朱棣以强藩起兵夺取皇位后,北方不再有强藩存在。

朱棣在位22年。到了他的儿子手里,政策有所松动。秦氏后人可以还乡,归还旧产。

但是,当初出去的13人,只有一个人活着回家。这个人,就是家谱上记载的"得遇公"。

"得遇公生还故里,然桑梓寥落,村宅荒芜"。

怎么办?还是靠舅舅。

"得遇公在老宅外一里多的地方,向其陈门舅氏,购地九亩落户定居,此地即秦墦头村"。

秦氏后人在明末清初和"乳山老人"林古度多有交往,秦绍先在《乳山人》诗序中有记载(可参阅本书"乳山"有关篇章)。

秦绍先的诗文,也记录在《横阳秦氏家乘》中。

家乘中专门还有家训一章,对"敦子道、隆师友、慎婚姻、睦乡里"等,有明确的规定。

这是秦氏家族生生不息的生命力之所在。

其中《秦墦村记》一篇,可称美文,摘赏一段:

当春夏之交,树荫扶疏,麦浪掀翻。
登阜而望远,则众峰竞秀,如屏如障;
近则千畦错落,如绣如绮。
晨炊方起,村烟漠漠;
晚犊归来,笛音袅袅。
樵歌互答,声和松风;
叶影横斜,掩映皓月。
洵山林之僻壤,田家之乐土也。

端秦村·小庆

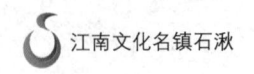

本篇附录：

封建与削藩（先有封建，再有削藩）。

秦始皇开始，中国已是大一统国家，实行郡县制。

但是西汉刘邦，分封异姓王、刘氏子孙王，封邦建国。

所以才有了到了刘邦孙子汉景帝时，晁错提出的"削藩"政策。

可叹晁错很快就成了"帝王家事"中的替死鬼、冤死鬼。

起来造反的诸侯王的口号是："诛晁错、清君侧"。

唐朝中后期的削藩，削的是"藩镇"，地方节度使，手握重兵的人。

唐玄宗为了开疆拓土，发明了藩镇这一制度。

最后，李唐王朝也灭于藩镇之手。

宋太祖赵匡胤"杯酒释兵权"，正是吸取了这一历史教训。

建文帝的削藩，和汉景帝类似。

只是汉景帝胜利了，建文帝失败了。

齐泰的结局，稍壮烈于晁错；

晁错死于景帝之手，齐泰死于朱棣刀下。

唐代大诗人杜牧，描写唐宪宗和宰相元载策划削藩的事情，借着晁错"衣朝衣，斩东市"的典故，读来和晁错、齐泰惊人相似：

元载相公曾借箸，宪宗皇帝亦留神。
旋见衣冠就东市，忽遗弓剑不西巡。
牧羊驱马虽戎服，白发丹心尽汉臣。
唯有凉州歌舞曲，流传天下乐闲人。

箸，筷子。

借箸：为君王筹划国事。《史记·留侯世家》载，张良在刘邦吃饭时进策说：臣请借前箸为大王筹之。

安史之乱爆发后,驻守在河西、陇右的军队东调平叛,吐蕃乘机进占了河湟地区,对唐朝政府造成了极大的威胁。

到了唐代宗大历年间,宰相元载曾上书代宗,对西北边防提出一些建议(大历八年,773)。大历十二年(777),元载因事下狱,代宗下诏令其自杀。

元载的遭遇和晁错类似。

代宗后面是德宗,然后才是宪宗。宪宗皇帝对收复河湟也格外留神。

但是唐宪宗没有来得及实现收复西北疆土的愿望就被宦官害死了。(传说皇帝仙去,只留下弓与剑。)

河湟百姓虽然穿着戎服牧羊驱马,可是他们白发丹心仍是唐朝臣民。

只有产生于凉州的动人歌舞乐曲,流传天下在娱乐着那些富贵闲人。

(本篇参考了陈春生先生《横山村揽胜、塘窦村风情、光明村史话》等著作。)

琛山望湖

一、闵派鲁、林古度和《溧水县志》（顺治）

公元1653年（清顺治十年）起，有一个河南人，大梁闵派鲁，来到南京溧水，当了六年多知县。

280年以后，1933年起，有一个溧水人，石湫毛汝采，去到河南，当了十二年县长。

闵派鲁、毛汝采的政绩如何，姑置不论。

1656年，明清易代已经过去了12年，干戈渐歇、民心稍定。朝廷为了"兴文教、崇经术、以开太平"，要求各州、县编辑、整理地方志书。

闵派鲁请到了久居石湫的著名文人林古度，主编《溧水县志》，五个月即告功成。

1656年，是农历丙申年，也是清顺治十三年。

那一年，常熟钱谦益在南京活动了两个月。表面上是就医，暗中，还在和郑成功等反清力量联络。

离开南京时，钱谦益留下了三十首七言绝句：《丙申春，就医秦淮，寓丁家水阁，涊两月。临行作绝句三十首留别，留题不复论次》。

其中两首和林古度有关。前一首和林古度主编《溧水县志》有关：

牛刀小邑亦长编，朱墨纷披意罔然。
要使世间知甲子，摊书先署丙申年。

钱谦益自注:乳山道士修志溧水。

林古度(1580—1666),字茂之,号那子,原籍福建临清。因为中、晚年长期隐居石湫乳山,自称"乳山老人",世人又称乳山道士。

"牛刀小邑"的典故用在这里,太贴切了。

《论语》里说,孔子的得意弟子,子游,在一个叫"武城"的小县当官;教化、治理有方,孔子经过时,听到一片弦歌之声,不禁微笑说,杀鸡用得着牛刀吗?

苏轼《送欧阳主簿赴官韦城四首》,其一说:

凤雏骥子日相高,白发苍颜笑我曹。
读遍牙签三万轴,却来小邑试牛刀。

钱谦益的"要使世间知甲子,摊书先署丙申年"两句,暗含深意:宁愿用传统的干支纪年法,也不愿用新皇帝(顺治)的年号纪年法。

这个套路,陶渊明早就用过了。

《宋书·陶潜传》:所著文章,皆题其年月。义熙以前,则书晋氏年号。自永初以来,唯云甲子而已。

南朝刘裕的宋,夺了东晋的江山,陶渊明以他文人无奈的方式,表示抗议。

云浮鸟倦早还田,乡里儿来巧作缘。
仕宦中朝如酒醉,英雄末路以诗传。
五株柳树羲皇上,一水桃花魏晋前。
只有东坡闲不住,加餐遍和义熙年。

这是清朝乾、嘉年间,吴门诗人舒位的一首妙诗。

林古度的更多事迹,详见本书下一篇。本篇先叙述闵派鲁。回到闵知县和《溧水县志》(顺治)。

卷五，是山川志。

有一条记载：琛山，（县城）西一十五里。旧志云"尝产玉，因名"。土人建"三茅真君祠"于顶上，故俗传为小茅山。

小茅山（琛山），就在现在的石湫（维石）科创中心东侧。

闵知县工作之余，也搞搞郊游、踏青活动。

一天，他带领一群人（至少三人），来到琛山。

先在山腰，找到北宋状元俞栗的墓，表示敬意。

又找到"尚书塘""濯缨"，用塘中之水洗洗帽子上的缨子，沾沾状元的仙气、尚书的贵气。（俞栗曾任兵部尚书，塘因以名。）

慢慢来到山顶，向南远眺石臼湖。

那时候的官员大多科举出身，诗词功底比较好。

游览之余，闵知县出了一个题目，《登琛峰望石臼湖》，自己带头先赋三首：

孤径悬云际，登临意惘然。
浮生又半日，何处望飞仙。
殿影摇松冷，钟声唤鸟旋。
渐看渔艇暮，点破一湖烟。

胡为湖水侧，偏著此佳山。
眼以凭高阔，身因命酒闲。
看花从马上，听树在溪间。
立爱同支遁，幽宗未易攀。

登啸深怀白也篇，一端游态亦悠然。
湖光近槛寒如月，树色停云碧到天。
鹤瘦足供贫吏傲，山青未许古人偏。
相欢此际何闻见，琛岭残钟石臼烟。

大自在·小庆

闵派鲁作为一县之长,今天来到了"思鹤乡"(今日石湫的古地名,沿用至1947年),不能不在"鹤"字上做做文章。

支遁(道林),是东晋时候的一位高僧,他同时精通《老子》《庄子》,是谢安、王羲之等人的朋友。

支遁喜欢养鹤。有人送给他一对小鹤。不久,小鹤翅膀长成,将要飞了,支遁心里舍不得它们,就剪短了它们的翅膀。

鹤高举翅膀却不能飞了,便回头看看翅膀,低垂着头,看上去好像很懊丧的样子。

支遁说,鹤既然有直冲云霄的资质,又怎么肯给人做就近观赏的玩物呢。

于是喂养到翅膀再长起来,就放了它们,让它们飞走了。

这里,闵知县巧妙地化用了"支遁爱鹤"的典故,并且一分为二,"鹤瘦足供贫吏傲",代入感比较足。鹤瘦、吏贫,都不要紧,关键是要民富。

第一首"飞仙",第二首"支遁",第三首"鹤瘦",都有鹤。

当然,人之常情也是有的。"停云",陶渊明的诗题,思亲友也。

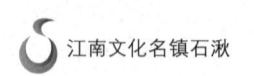

浙江四明人颜友筠,次韵奉和(用原来一样的韵)闵知县三首。在古人生活中,次韵唱和,就是一种游戏方式:

湖山宽日月,到此即翛然。
地胜轻车马,心空度佛仙。
非因追啸咏,别是有盘旋。
安得凌虚去,乘飙弄紫烟。

无地抛尘俗,谁与借好山。
为看千顷碧,赢得一朝闲。
拈韵衔杯处,疏松瘦石间。
携琴希啸阮,扪薛共跻攀。

昔年曾赋远游篇,今日凭临已廓然。
澹墨凫青云湿岫,空蒙浩白水衔天。
平分野屿芙蓉落,俯眺停泓粟粒偏。
此地风尘应不到,一尊醹酥醉湖烟。

朝不归·小庆

颜友筠功力深厚，一首七律气度不凡，"澹墨凫青云湿岫，空蒙浩白水衔天"，天、山、云、水，面面俱到。

闵知县是骑马的，"看花从马上"；颜友筠是徒步的，扶着藤蔓上的，"扪薜共跻攀"。

停泓，平静的水面；醽醁，美酒。

江西金溪人唐堂，也次韵奉和闵知县三首：

绝顶异尘想，他山殊不然。
癖清惟拜石，远俗忽怀仙。
万吹供幽听，孤云看独旋。
归与歌濯足，泠落一湖烟。

有此一湖水，长留月在山。
亭空思鹤放，寺僻累僧闲。
晚磬霏微外，夕阳苍翠间。
谢公有雅兴，携屐与登攀。

琛山望湖·小庆

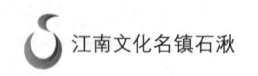

把酒狂歌谢朓篇，凭高幽韵自翛然。
山间倦马驱残日，湖外孤禽没远天。
既许白云留客赠，不知清景独谁偏。
临风偶有苏门兴，长啸春城散碧烟。

唐堂也已经意识到了此地是"思鹤乡"，所以在诗中比较自然地顺带了。谢公屐，谢灵运发明的专门用于登山的鞋子。

唐堂还要和闵知县、颜友筼一样，站在山顶，想要学习"竹林七贤"中的阮籍，在苏门山中，遇到高人以后，发出一声、再一声的长啸。

颜友筼还要像嵇康一样，"携琴"。总之是要追求潇洒出尘的生活。

长啸一声，山鸣谷应；

举头四顾，水阔天空。

芦荡·小庆

唐堂歌了"谢朓篇"，还要歌《沧浪歌（歌濯足）》，可能是个唱诗高手。

沧浪之水清兮,可以濯我缨;

　　沧浪之水浊兮,可以濯我足。

传说战国时楚国渔父所作。

尚书塘水,经不起唐堂如此折腾。一笑。

轻欢·小庆

综合三个人与九首诗,可以得出如下推测:

1. 大梁闵派鲁处于绝对的"主位"。四明颜友筠、金溪唐堂,不是僚属,就是客人、朋友。

2. 闵知县是地方父母官的情怀,宁愿"鹤瘦、吏贫",但求民富。这次出游,也属难得。

3. 四明颜友筠,可能年龄或者辈分比较高,和诗不卑不亢,落落大方。

4. 金溪唐堂,有点过分激动。第二首把闵知县比作谢灵运(大谢);第三首又把闵知县比作谢朓(小谢)。

5. 他们这次游览的时间,是在春天。傍晚还没有离开。"渐看渔艇暮"。"晚磐霏微外,夕阳苍翠间"。"山间倦马驱残日"。

6. "登啸深怀白也篇,一端游态亦悠然"。"白也篇",杜甫有诗,《春日忆李白》：

> 白也诗无敌，飘然思不群。
> 清新庾开府，俊逸鲍参军。
> 渭北春天树，江东日暮云。
> 何时一樽酒，重与细论文。

"一端游态"，我们和李杜一样，也是"渭北春天树，江东日暮云"时节。

心欢喜·黄征

春天的黄昏，闵知县带领一帮朋友，在琛山顶上饮酒、赋诗、观湖、看夕阳，其乐融融。

《论语》里面说，暮春者，春服既成，冠者五六人，童子六七人，浴乎沂，风乎舞雩，咏而归。

大概就是闵知县追求的境界。

二、萧秉晋《登琛峰望石臼湖》

闵派鲁知县他们"登琛峰，望石臼湖"，"咏而归"了。

有一位萧秉晋先生，表示不服。

这位萧先生，也许是一起参加了闵知县的踏青游春活动的。但是由于他的身份、地位，还进不了第一方阵，没有"次韵唱和"的资格；或者是由于当场赋诗的"急才"不够，没有来得及完成。

再或者，由于他自觉怀才不遇，诗中牢骚怪话比较多，不适合拿出来煞风景。

在(顺治)《溧水县志》的第十卷《艺文志》部分，收录有萧秉晋的一篇《芝山记》，注明作者身份：邑人。本地人，没有功名。难怪萧先生牢骚怪话。

元微之所谓"青衫憔悴宦名卑"是也。

登琛峰望石臼湖

萧秉晋

平生盛有登临志,恨无骏足走昆仑。
归上岱巅望沧海,洪涛万里供吐吞。
如今圈身一邑里,辜负生年弧与矢。
笛罢愁来唤奈何,一拳一勺劳屐齿。
风景邑中何处佳,琛山山色石湖水。
迷迷照眼千林青,渺渺浮天万顷白。
远航睇似蜻蜓飞,侧岫狞如虎豹蹲。
岚气空腾陇上烟,波光遥向杯中射。
兴酣到处成快游,何事更驾九州轭。
一声长啸岭生寒,神走苍茫天地窄。

清欢·小庆

歌行体诗。直白有余。

"平生盛有登临志,恨无骏足走昆仑",埋怨,是不解决问题的。

"如今圈身一邑里,辜负生年弧与矢",含蓄蕴籍,稍显不足。

古往今来,写诗靠说大话成名者,李太白一人而已。

但"风景邑中何处佳,琛山山色石湖水"两句,可以作为今日溧水导游图。

琛山(小茅山)的"琛岭神灯",历来为溧水"中山八景"之一。

所谓中山者,溧水的古县名。因为县城东十一里,有山,"山势峻耸,不偏不倚",所以叫作"中山"。

唐宋时,"中山兔毫"毛笔已经是贡品了。

北宋周邦彦在溧水当县令时,中山也已经是名胜区了。

明太祖封徐达为"中山王",也就是这个中山。

有一天,偶然翻书看到《溧水县志》(顺治)编辑组工作人员名单,忽然明白了上文的两个小推测:四明颜友筼,是特约参订,是从外地请来帮忙的高手。而萧秉晋,则是本地普通工作人员,所以没有和闵派鲁唱和的资格。

三、琛山庵、琛岭神灯

北宋状元、兵部尚书俞栗,明成化进士、大理寺卿茆钦,都归葬琛山。尚书塘也因俞栗而得名。

南朝时,唐时,南京地区佛教兴盛,溧水也多庙。

世间好话佛说尽,天下名山僧占多。

琛山遂有琛山庵。

在(顺治)《溧水县志》卷三中,闵派鲁和林古度是这样描述"琛山庵"的:

> 琛山庵,西二十里,琛山上,名为三茅行宫。明嘉靖时邑民武潘重建,有记,见《艺文》。庵有三清殿、玉皇阁、玄帝殿、文昌殿、保生殿、眼香庙、痘圣殿、拜章台、阅湖轩。颇多名人留咏。

如此，琛山就是佛、道合一的道场了。

闵知县眺望石臼湖的所在，就是"阅湖轩"了。

"有记"，指的是明朝御史郑濂撰写的《三茅行宫记》。

郑濂御史肯定是孔门弟子。但他在《三茅行宫记》中，把三茅宫三个真君，和孙锺种瓜时遇到的，后来幻化为三只鹤的三少年进行了联想：

"山之阴有上方寺，孙锺种瓜所也。时有三少年造锺，锺设瓜事之惟谨，因示以善地，遂化鹤去，至今以思鹤名其乡。意三少年者，无乃为三茅神乎？"

子不语怪力乱神。

琛山可以是三教道场了。一笑。

清朝的蔡书绅，撰有一篇《神灯赋》。赋的正文，大多是模仿和堆砌，意义不大，价值在于序言部分："琛山在溧水县西，有三茅真君观。每岁春分，夜有圆光百十点，如灯状，从句容茅山浮空而来，至观则隐。土人目为茅君神灯。即峨眉、五台佛光之类也。异而赋之。"

道家始祖老子，佛陀释迦牟尼，如果知道蔡君此赋，也许会这样表示：

玄之又玄，众妙之门；

笑而不语，不二法门。

本书关于"石臼渔歌"一文中，曾经说到，古中山八景，"在清朝统治稳定后，受到了溧水读书人的反复吟咏。

其中的卢文弨和严长明，对八景逐一题诗；甘清涟，则以绘画的形式表现八景。"

琛岭神灯

卢文弨

圣灯岩事足遗文，溧水而今证所闻。
共道候当无鸟至，依期送自大茅君。
初由石臼微微出，俄向琛山簇簇分。
好景匪遥空想象，夜深珠缀岭头云。

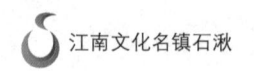

"初由石臼微微出,俄向琛山簇簇分。"这联颇为生动。

在蔡书绅的《神灯赋》中,光点由句容而来,即从东方而来。卢文弨诗中,是从南方而来。

琛岭神灯

严长明

琛山亦有神,竟受大茅馈。
春分湖夜明,络绎灯光遗。
由十遂至千,观之每忘睡。
于此验年丰,休哉可为瑞。

明白如话的诗句,竟使人不得不信。

另外至少还有五位诗人描写过琛岭神灯,其中也有抱着怀疑的心态而来求证的。

琛山神灯

王仕佐

春色平分花满枝,夜来灯火灿瑶池。
光横云岭如珠贯,焰绕琛山似月移。
未许六街争巧拙,应知九转见神奇。
他年肯示青囊录,愿得相随一闻师。

琛岭神灯·赵永生

琛岭神灯

尹如升

仙踪何事访蓬莱,琛岭刚逢烟雾开。
降魄光融舍利子,传灯映照雨花台。
儿童笑指层峦外,野叟心知淑气催。
共道丰年今有兆,春分应候见如来。

神　灯

刘　申

登高望远日初曛,目击神光验所闻。
几点明珠星伴月,乱悬红炬火翻云。
祥浮濑水流虹气,彩耀琛山焕赤文。
不必按图知节候,年年灯到是春分。

汤聘的《神灯》,和刘维运的《神灯》,都是七言歌行体长诗,并且刘维运的是两首。分别节选部分欣赏:

神　灯（节选）

汤　聘

乍明乍灭出天中,层峦变作蕊珠宫。
春到深山翠欲滴,一时尽护绛纱笼。
山灵有瑞不敢匿,气吐虹霓明不熄。
蜿蜒自东复自西,夜色熹微灯影逼。
遥望数丈如有芒,九天星斗值文昌。
累累贯珠随上下,万家灯火艳春阳。

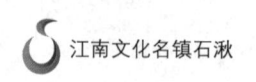

神 灯(节选)

刘维运

迢遥煊著良夜间,良夜逾深明逾逼。
大似乌兔小列宿,并垂法象新世界。
开辟及今诚奇见,亿万斯年照赤县。

神灯,是琛山的自然现象。
因为状元俞栗的原因,琛山还是怀古的好地方。

琛山怀古

陆 球

天开鹫岭郁崔嵬,杖策登临旷八垓。
千树桃花和露种,数声渔唱逐波来。
凌霄鹤影寻无迹,匝地珠光若有胎。
往事仙踪何处访,望波石上重徘徊。

鹫岭,寺庙的代称。
千树桃花和露种,数声渔唱逐波来。生动。

中秋日登小茅山

武孔墙

知微天柱久荒唐,此日琛山按实详。
万树萧疎方解绿,千畦错落渐呈黄。
登虬直上广寒境,搦管吟成丹桂香。
南望湖光天样碧,虚舟不泛也茫洋。

搦管,执笔写作。

过琛峰

武维英

扫地归来拜阙初,尚疑丹气馥阶除。
灵飞一道浃天下,香合诸方朝紫虚。
多少林光清野眺,更饶湖水洗尘裾。
程高不限人人到,好读仙厨辟谷书。

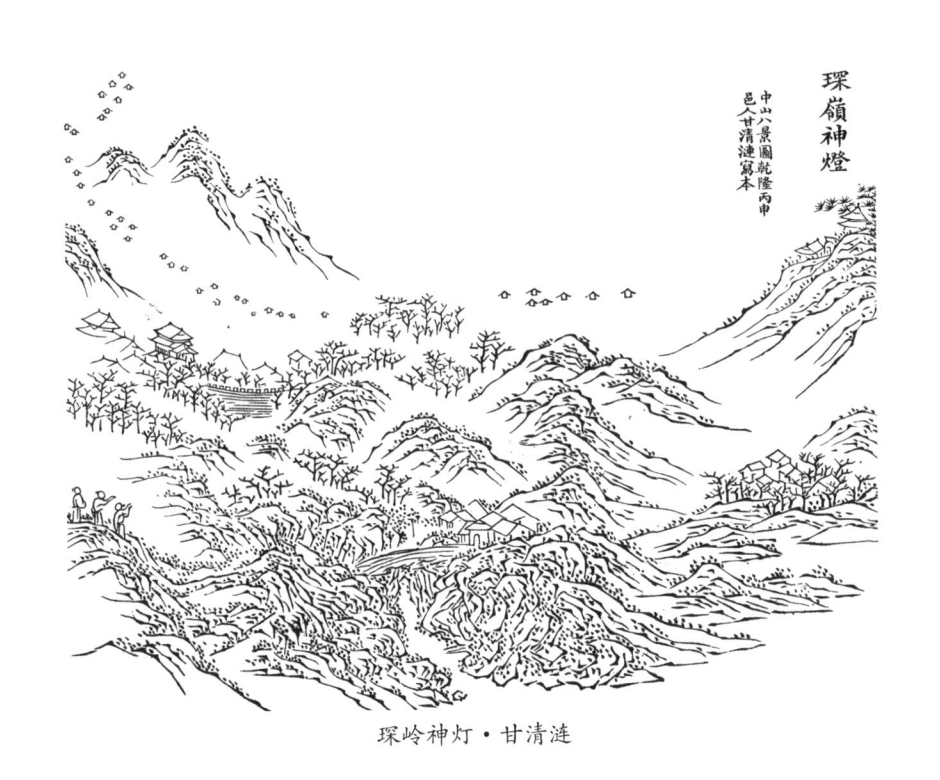

琛岭神灯·甘清涟

乳山老人林古度

这一篇，重点介绍石湫历史上具有重要地位的一位文化名人，也就是本书前言里面提到的：林古度。顺治版溧水县志的主编。林古度曾长期隐居在石湫乳山。本篇先介绍有关乳山的自然、人文景观。

一、乳山、玉乳泉、乳山庵

乳山，就是现在的石湫街道、横山行政村、端秦自然村后面的乳山。属于横山山系的支脉。

山居

综合清(顺治)《溧水县志》、清(康、雍)《江南通志》、清(光绪)《溧水县志》的记载:

"乳山,(县城)西三十里,从横山西来,形如双乳,二峰竦峙,岩石巉削。

明洪武九年,僧人智公海岩兴筑静室。

山下有玉乳泉,渊而不流,渟注澄澈,味甚甘,是名玉乳。

明万历初,吴门吴运嘉书"玉乳泉"三字,勒诸石。

泉上有庵。"明万历末,闽处士林古度隐于此。"

就是说,明朝初年,乳山上已经有了寺庙类建筑。

乳　山

武光会

　　苍岩深处有灵泉,径绕松篁浥露鲜。
　　远岫山童归晚牧,斜阳村犬吠炊烟。
　　身闲莫漫歌苌楚,用拙无劳画蓟燕。
　　清茗一瓯倾玉乳,支颐半醉枕书眠。

苌楚,野生阳桃。《诗经》上有记载。

支颐,用手托着下巴。

白居易诗句:薄晚支颐坐,中宵枕臂眠。

(本篇中的武姓作者,大多活动在明朝中后期以及明末清初,根据诗篇的内容决定在本篇中的先后顺序。特此说明。)

游乳山

武和声

　　山行次第见梅开,庵挂萝衣石覆苔。
　　香气欲高惊蝶舞,风声如堕带蜂来。
　　地将玉乳滋茶碗,天与湖光映酒罍。
　　坐此不知尘自远,恍疑身已入蓬莱。

本地桑园蒲村人武尚耕(1543—1599),明隆庆五年(1571)进士,官至湖广布政司、左布政使。

有《游乳山庵》诗:

高树两峰齐,山堂雨后跻。
镳惊黄犬吠,榻傍白云栖。
新果分斋供,佳泉入品题。
楼头有高士,掞藻过京西。

镳,分道扬镳的镳,马口中所衔铁具露出在外的两头部分。镳惊黄犬吠,等于"马惊黄犬吠"。

掞藻(shàn zǎo),铺张辞藻、夸夸其谈。

广义上的"京西"指的是国都西部地区。武尚耕所处的时代,是隆庆、万历时期,南京作为"留都"的地位没有变。

武尚耕是石㵱历史上第一个彻底纯粹的"朝为田舍郎,暮登天子堂"的人物。当然是族人的骄傲!

实际上武尚耕并没有"面朝黄土背朝天"的经历,他的父亲早就在南京城里经商成功,他也较长时间在南京生活、读书、应试。

他在南京城里的家,在南京城南夫子庙附近的青溪(也就是后来钱谦益借宿居住的地方的附近)。

万历七年(1579),武尚耕曾为(万历)《溧水县志》作序。并认真研读了县志文稿中的历代名人艺文。

县志中收录有萧颖士的《送刘太真诗序》。

刘太真、刘太冲是唐玄宗、肃宗、德宗年间宣州人,名士,长期生活在溧水。

当时溧水属于宣州管辖,宣州和溧水,属于同一个地方。

县志中把他们弟兄归入"流寓"一类,属于统计口径的差异问题。

但这兄弟俩的名士级别,比颜真卿、萧颖士要低一级。

颜真卿自然不用说。

萧颖士是开元二十三年状元,南朝萧梁宗室后裔,平生乐于奖掖后进,人称"萧夫子"。

颜真卿有《送刘太冲叙》。

萧颖士有《送刘太真诗序》,是传达萧颖士文学主张的重要文献。

两文都在(顺治)《溧水县志》中。

到了唐德宗贞元六年(790),刘太真作为主考官,录取了两名著名的进士,一个是后来成为中唐名相的裴度,一个是著名诗人杨巨源。

所以,武尚耕可能为了向邑里、乡里先贤致敬,由刘太真联想到萧颖士,用了"掞藻"一词。(有主观和武断的嫌疑。)

"掞藻"出自萧颖士《赠韦司业书》:今朝野之际,文场至广,掞藻飞声,森然林植。(更早的是南齐谢朓)

二、乳山庵、环翠楼、乳山院

不系舟

若干年以后,武氏家族的后人,也要向先贤致敬。

族人武光宸,登乳山庵环翠楼,写诗的时候,向武尚耕前辈致敬!(武尚耕是五言律,武光宸是七言律,敬意藏在相同的韵脚里。)

登乳山庵环翠楼

武光宸

崇峦迥与碧云齐,倚杖还惊隔岁跻。
杰阁新传莲社赋,幽轩元是远公栖。
分泉煮茗情偏惬,抚景兴怀手自题。
极目凭高无限思,悲风忽振石林西。

在新版点校本(顺治)《溧水县志》的附录中,有点校者之一的傅章伟先生的一篇文章:《乳山老人林古度》。文中,傅先生推测,环翠楼,是林古度乳山别墅建筑群的一个组成部分。

傅先生的这个推测,可以商量。疑问在于下面两首诗。

有一位刘楚先生,在游览的时候,看到了环翠楼墙壁上武光宸的诗,依着武光宸诗的原韵,也题了两首诗:

游乳山,次壁间韵(二首)

刘　楚

寻诗载酒兴俱齐,玉乳泉旁几度跻。
登阁云随双舄入,凭栏身在半空栖。
泉鸣绿竹千崖泻,笔走龙蛇四壁题。
吟卧不知归去晚,钟声来自石门西。

登临身与白云齐,霄汉平扪近可跻。
万里乾坤容睥睨,数椽楼阁遂幽栖。
酒移黄菊篱边酌,诗向苍苔石上题。
放鹤归时人滥醉,一钩新月挂林西。

刘楚的诗,可以证明环翠楼是开放性建筑,游人可以自由题壁。

舄(xì),鞋子。

如果是林古度的私家别墅"乳山院"的组成部分,刘楚不会如此造次,而且诗题的表述也会不一样。

林古度(1580—1666),字茂之,号那子,原籍福建临清。因为中、晚年长期隐居石㵍乳山,自称"乳山老人",世人又称乳山道士。

他在乳山建别墅,最早要到公元1620年(万历皇帝的最后一年,万历四十八年)以后。

清朝顺治年间的溧水知县、河南人闵派鲁,是邀请林古度主持修撰《溧水县志》的人,他记录了这样意思的一句话:乳山老叟林古度,和溧水以前的县令,如江西人徐良彦、四川人张锡命关系很好(均为明朝的溧水县令),交游往来很深("游好尤深")。

张锡命从万历四十六年(1618)起任溧水县令。两年后,林古度41岁时,在石㵍乳山买了一块地,修起了名为"乳山院"的别墅建筑。可以推测张县令为林古度解决了在乳山修建别墅的合法性问题。

林古度在乳山一住就是十几年。后来为了送儿子回原籍福建考试,短暂离开过一段时间。

1644年,以明朝结束、清朝开始为分界线,林古度的生活境况发生了巨大的变化。

石㵍乳山,不仅仅是他的精神家园,还真正成了他的第一居所。

这个时间跨度,从他66岁,一直到82岁,即1646—1662年。

也即,从1620年起,林古度在石㵍隐居了十几年;

从1646年起,又隐居了十几年。

石㵍人武令仪,对林古度的再次隐居表示欢迎,并对林古度其人,给予高度评价:

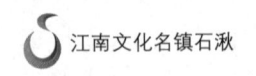

林那子重隐乳山，次勷甫韵

武令仪

眠云高枕石如拳，散发眸空百代贤。
世事几能从我法，功名端不藉人传。
游岩好遯终成市，和靖耽山只一巅。
八面横峰饶胜概，东南犹住最高仙。

武勷甫的诗，今已不见。
好遯，《易》：君子好遯，小人否也。
君子顺应时势，成功退隐，遁世逍遥，小人无法做到。
北宋林逋，梅妻鹤子的那位，后人称为和靖先生。
石湫人武旸，也对林古度的再次隐居表示热烈欢迎：

重游乳山院

武 旸

十年不到远公林，此日重来感慨深。
落魄几人还纵饮，扶疏万木已交阴。
横空山色晴看画，转壑泉声夜听琴。
为报长安旧知己，浮云名利好相寻。

如果武旸的"十年"之说不是虚指，基本接近事实真相的话，那么可以推测，林古度在石湫乳山的隐居时间是：

1620—1636 年，16 年；

1646—1662 年，16 年；

一共 32 年。

1646 年，林古度已经 67 岁（虚）。

从武旸的赠诗中，可以读出唐代诗人曾经的诗句，重新排列组合一下，恰好可以表达林古度彼时的状态：

> 七十老翁何所求。（王维）
> 落魄江湖载酒行。（杜牧）
> 但使主人能醉客。（李白）
> 富贵于我如浮云。（杜甫）

（狭义是不押韵的。广义是押韵的。）

青山不老·黄征

三、林古度与钱谦益

《柳如是别传》，是20世纪最具国际声望的中国文史大家陈寅恪先生的封山之作。该书以"诗史互证"的方法，全景式展现了明末清初"长三角"一带的士人群体，面对"改朝换代"时的人生百态。

这部巨著，构思用了20年，写成功又用了10年。"借以观察当时政治、道德的真实情况，有深意存在里边，不是简单的消闲风趣行为"（吴宓）。

谐隐·小庆

书的主角当然是柳如是、钱谦益。但是,当讲到钱谦益参与郑成功的"复明运动"的时候,有一个石㵲人,就频繁地在书中出现了。

这个石㵲人,就是明末清初的著名诗人,"乳山老人"林古度。

陈寅恪先生并且列明了能够找到的、有关林古度的史料所在:

1) 王士禛《感旧集》壹·林古度;

2) 陈文述《秣陵集》陆·乳山访林古度故居;

3) 陈作霖《金陵通传》贰肆·林古度传;

4) 朱绪曾《金陵诗征》肆拾·林古度。

根据傅章伟先生的研究,还有以下两个材料(包括后出的):

1) 黄宗羲《思旧录·林古度》;

2) 陈庆元《林古度年表》。

林古度(字茂之),祖籍福建。他的父亲林章,举人出身,曾经当过明朝名将戚继光的幕僚,后来举家迁往南京。

万历廿七年(1599)时,林章因为向朝廷上书,申请停止矿税的征收,受到错误的对待,受廷杖、下狱,不久就死在狱中。

林家早年住在南京华林园旁边,也就是今天的鸡鸣寺、南京市政府所在地一带。"旧家华林园侧,有亭榭池馆之美(《林茂之诗选序》,王士禛)"。

林古度怎么又变成石㵲人的呢?这和明朝的两任溧水县令徐良彦、张锡命,清朝的一任溧水县令闵派鲁有关。

林古度和徐良彦、张锡命为什么关系好,现在我们已经无法知道了。但是这带来的结果,是可以知道的。

徐良彦从万历三十一年(1603)起在溧水任职。1606年调任南京的江南贡院工作。录取的举人当中,就有后来万历三十八年的探花,常熟虞山人钱谦益。

林古度和钱谦益的交谊,应当在两人青年时代就开始了。这里一方面是互相对才华的欣赏,一方面也有徐良彦居中介绍的可能。

钱谦益后来成为天下文章领袖,"四海宗盟五十年"(黄宗羲吊钱谦益诗句)。而林古度终其一生,没有参加过科举考试,没有当过官,以布衣自居。

张锡命万历四十六年(1618)起任溧水县令。两年后,林古度41岁时,在石湫乳山修起了名为"乳山院"的别墅建筑。

林古度在乳山一住就是十几年。后来为了送儿子回原籍福建参加考试,离开过一段时间(前后约十年)。

一个人是什么样的人,看和他交往的人,就能知道个大概。

明朝时,林古度也是名士风流、诗酒流连。晚明时候,风气如此。他曾经纳妾秦淮名姬吴眉仙,吴眉仙工诗善画,著有诗集《萍居草》,和柳如是的《湖上草》《戊寅草》有得一比。

在华林园时,林古度经常交往的是两类人。一是在南京从政、宴游的福建老乡,其中的代表人物是曹学佺(能始)。曹学佺先在北京、后在南京任职,开闽中一带学风,在《明史》中有传,评价颇高。南明小朝廷灭亡后,曹学佺自杀殉国。这样的道德、文章的榜样,对林古度的影响不言而喻。

翻开今天的《中国文学史》教科书,可以看到明代有"前七子""后七子""公安三袁""竟陵派"等字样。其中,竟陵派的领袖,是湖北竟陵人钟惺、谭元春,也就是林古度主要交往的第二类人物,他们诗风互相影响,林古度甚

众鸟高飞尽·小庆

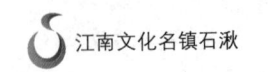

至曾经跟着他们去湖北游玩。

用今天的话来表达，意思就是，已经成名的诗坛人物，经过南京时，都要拜会也是著名诗人的林古度，林和他们互相切磋，唱和赠答，其乐融融。而且林古度慷慨大度，出资为其他经济困难的人刊印、出版诗集、文集。

进入清朝以后，林古度和钱谦益的交往一下子密集起来了。主要有两个原因。

晚明时（万历、天启、崇祯年间），钱谦益的主要活动地点是北京、苏州，和在南京的林古度交集不多。南明小朝廷时，钱谦益的活动区域开始向南京倾斜。

进入清朝以后，由于对清廷对自己的安排不满、自己内心道德谴责等原因，钱谦益暗中参与了郑成功及其外围组织策动的"反清复明"活动。事情不密，钱谦益涉嫌谋逆，被捕入狱，关押在南京。

钱谦益是政治家、学者、古文家、诗人；早年列名东林党，身受党祸，晚年成了贰臣。关于他的历史评价，还没有定论。可以留给历史。

清朝乾隆皇帝极力诋毁钱，并且销毁钱的著作，必定有他的政治考虑；然后为了附和乾隆，有人故意编排钱的不堪入目的故事，也是极有可能的。

但他在中国文学史上的地位，则久为人们所公认。钱谦益的史才诗笔，以及毁而未绝的著作，放在整个中国历史上，也是超一流选手般的存在。清初人说，虞山不死，国史尚在。评价非常高。

而且改朝换代带来的巨大心灵冲击，使他的作品的内容、风格更加地沉郁、雄浑。"国家不幸诗家幸，赋到沧桑句便工"（赵翼《题遗山诗》），用在钱谦益身上，也比较恰当。

钱谦益落难时，林古度的道德、气节、人品、家国情怀、故国之思，就一下子显现出来了。

一方面，参与"反清复明"的多有福建人，林古度积极为钱谦益牵线搭桥；

另一方面，主审钱谦益案子的清朝官员是福建人，林古度利用自己大半辈子的人脉积累，在钱谦益"免死释放"上，发挥了一定的作用。

林古度还把钱谦益的坏事,办成了好事。利用这一段时间的作品往来,为钱编辑了一本诗集:《秋槐集》(为朋友编书是林古度年轻时就有的爱好)。

钱谦益涉嫌谋逆被捕,是在1647年(丁亥年)。

钱谦益继续参与"复明运动"而在南京活动,是在1656年(丙申年)。

1656年这一年,林古度有半年时间在溧水县城编撰《溧水县志》。

在随后的六、七年时间里,林古度得到了溧水知县闵派鲁较好的照顾。

在《秋槐集》中,可以看到钱谦益写给林古度的很多诗。

(钱谦益的《有学集》中,多处涉及林古度。这部分内容,考虑今人的阅读习惯,以及史料价值,本书列入附录。)

四、林古度与王士禛

这里有一个疑问,作为著名诗人,明清之际的"文苑尊宿",为什么林古度自己的作品,现在反而难得见到呢?

这和林古度托付诗文出版事项的"忘年交"小朋友有关了。这个小朋友,就是清朝初年、继钱谦益之后成为文坛盟主的山东人,"渔阳山人"王士禛。

自1662年起,林古度有较长时间活动在南京城里,为了自己诗文集的传世事宜。林古度结识了自己的老朋友、山东诗人王象春的侄孙——王士禛,一颗正在政坛、文坛升起的巨星。

林古度之所以看好王士禛,也有钱谦益的因素,钱谦益也欣赏王士禛的才华。

站在今天的角度,王士禛当然没有完成他所谓的为林古度出版诗文集的"五十年挂剑之约"。虽然可以说林古度"所托非人",但是王士禛也必然有他的难处。作为朝廷新秀,面对前朝遗老的诗文,如何处理"有碍观瞻"的地方,有难度,不可轻举妄动,而且清初的文禁森严,只能交给时间。

在时间的长河里,很多东西就湮灭了。能够像钱谦益的文集,禁毁几百年后还能重现江湖的,毕竟是少数。

林古度传世的一小部分诗文，是王士禛的学生程哲，在1710年以后完成出版工作的。林古度32岁以后的作品未选。量小面窄。计有《林茂之诗选》（一）、《林古度文草》《林茂之诗选》（二）。

前文分析到，从1620年起，至1636年（约），林古度在石㵘隐居了十几年；

从1646年起，至1662年，林古度在石㵘又隐居了十几年。

1648—1650年之间，林古度较长时间生活在南京城里，同时也是为了搭救和安慰钱谦益，住所在真珠桥一带。

（石㵘人武尚耕，南京城里的家，在清溪；钱谦益"取保候审"阶段借宿居住的地方，是丁继之家的房子，也在清溪；根据顾炎武的诗，林古度晚年在南京城里居住的地方也是清溪。都在夫子庙、秦淮河一带。）

孤云独去闲·小庆

（当年的很多水道，现在已经变成陆地。本书以石㵛为主，不考证南京古今地理沿革，所以这一点暂且不论。）

王士禛写诗说：

一月淹留邀笛步，泥滑天阴春欲暮。
山人忽自乳山来，芒鞋访我清溪路。

笛步，是东晋王徽之请人吹笛子的地方。
钱谦益写丁继之家的河房亭子，也是在青溪、笛步之间。

五、《乳山人》诗

1666年，87岁（虚岁）的林古度，贫病交加中逝于南京。在生前友人、大学者周亮工（溧水知县闵派鲁的表妹夫）的帮助下，林古度归葬石㵛乳山。"卒葬乳山庵"旁（《溧水县志》[乾隆]、秦垱头村《秦氏宗谱》有记载）。

在今天的石㵛街道、横山行政村、秦垱头自然村，秦氏后人所保存的《秦氏宗谱》中，有一首清朝初年、约在公元1700年，秦氏族人秦绍先写作的、纪念林古度的诗：《乳山人》。

序言说：

山人姓林氏，讳古度，号那子，闽中诗人也。
明末避乱结庐于山中，琴书自娱。
国初，邑侯闵公修志事，征先生主其稿，一切文艺皆出其手，时称之曰"乳山人稿"，其见重于时如此。
山居与绍先先人诗酒往还，唱和颇富，惜无遗稿。
今俚言咏及，知不免班门之诮，亦聊以志景行云尔。
其后先生卒，葬乳山。今土人犹能指其处，曰"林那子墓"。

秦绍先介绍了林古度的来历。然后说,(顺治)《溧水县志》就是他主编的。我的先人和他有来往,诗酒唱和,还不少,可惜文字没有留下来。今天我写这首比较粗鄙的诗纪念他,为了表示"高山仰止、景行行止"的意思。他去世后归葬乳山,是确实的。

诗云:

百年作客,万里辞家。
一官不得,半壁周遮。
剩有六代三唐诗千首,清新俊逸供人夸。

秦绍先夸林古度的诗好,略显过分。
整个六朝,还有唐朝(初、盛、中晚),林古度的作品都可以跻身期间。
"清新庾开府,俊逸鲍参军"。杜甫在夸李白的时候,拿了庾信、鲍照(南北朝时期重要诗人)两个人来做类比。秦绍先统统用在林古度身上。

诗云:

从古诗人半贫窭,郊寒岛瘦都成腐。
絮迹萍踪拘不得,且留骸骨归乡土。
胡为先生独不然?晚笋余花甘阅历。

像孟郊、贾岛这类诗人,是活得比较贫寒、瘦腐的。但也有潇洒、"正能量"的,比如白居易、苏东坡。当然,"正能量",也就是把自己的负能量藏起来。
在这里,秦绍先用"晚笋余花"来形容林古度,暴露了秦绍先"好读书,不求甚解"的一面。自己可以称自己"晚笋",说别人,就不礼貌了。晚笋,冬笋也。
中唐"大历十才子"之首的李端,有诗说,"晚笋难成竹,秋花不满丛"。
南朝谢朓说,"鱼戏新荷动,鸟散余花落"。
北宋欧阳修说,"且趁余花谋一笑。况有笙歌,艳态相萦绕"。

如果一定要把"晚笋余花"四字连用的著作权划归清朝的吴锡麒（1746—1818），那么，秦绍先就不是1700年左右的人物，而要晚一百年。

吴锡麒词曰："江南三月听莺天，买酒莫论钱。晚笋余花，绿阴青子，春老夕阳前"。

诗云：

> 来牛去马若留连，一身拼葬乳山巅。
> 平原僧，扶风马，名山天许诗人假。
> 彼乃簪冠华屋辞不得，
> 此独枯衫破帽长松下。

山东平原郡一个有信佛传统的世族家庭里，成长出了南北朝时的南齐征君明僧绍，和他的儿子明仲璋，他们精通儒学、佛学，主要由于他们父子的努力，在南京栖霞山，建起了栖霞寺。

东汉一代大儒马融，是扶风郡茂陵县人，东汉名将马援的后代。卢植、

众鸟欣有托·小庆

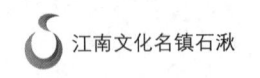

郑玄等都是其门徒。柳如是夸钱谦益说,"声名真如汉扶风"。说的就是他。

箨(tuò)冠,竹子做的帽子。

诗云:

施愚山、王阮亭,二公老眼为公青。
如何百万哀鸿叫得起,一个故人寒至此。
昨日欣过公墓道,归来重绎公诗稿。
毕竟文章能不朽,宝光剑气横苍昊。
为语诗魂且莫归,心香有客年年祷。

(诗毕)

推测此诗作于 1700 年左右,理由三点:

作者秦绍先没有见过林古度,即在 1666 年以后;

诗中说,王士祯(阮亭)已经"老眼"。王士祯(1634—1711)。

那个时候,秦绍先家里还是有林古度的诗稿的,没有散失掉。

但这个推论值得再推论。

林古度遗稿是 1710 年出版的。如果秦绍先是 1800 年左右的人物,家有林古度的已经出版的诗集,也可以解释。

"昨日欣过公墓道,归来重绎公诗稿。

毕竟文章能不朽,宝光剑气横苍昊。

为语诗魂且莫归,心香有客年年祷"。

文字,是"三不朽"当中的第三种。

(太上立德,其次立功,其次立言。)

秦绍先诗中的另一个"老眼",施愚山,又是谁呢?

1660 年,虚龄 81 岁的林古度,做出了一个诗人特有的动作,在乳山上为自己挖了一个"生圹",作为自己百年后的墓穴,取名为"茧窝",大概是"作茧自缚"的意思,并且郑重其事地写信告诉一些朋友,索诗纪念。

施闰章(愚山),著名诗人,就是其中作诗回应的一位。

林茂之自作生圹,曰茧窝,索诗记之

八十一叟颜尚酡,幅巾筇杖衣薜萝。
肩舆强来一相见,数杯未尽能高歌。
自言筑室乳山住,阴林邃谷多烟雾。
新营生圹大如茧,逝即长眠不封树。
卓绝才名年少时,掉头不许时人诗。
只今垂死犹眼白,自作高人万古宅。
君不见,富贵磨灭皆轻尘,
丰碑石马空嶙峋,北邙悲风愁杀人。

施愚山此诗甚妙。也很易读。"数杯未尽能高歌",抓住了老诗人的特点。和后来钱谦益描写的林古度的主要特征一致。

1664年,林古度跨江去扬州,过访王士祯。王士祯热烈欢迎,举办"红桥修禊"雅集活动。

王士祯的陪同人员、泰州人吴嘉纪,惊讶地发现,林古度随身佩带的"护身符",竟然是一枚万历铜钱,钱币温润,包浆含光。

当初,林古度的父亲林章,是因为申请为百姓减税,而冤死在明廷的监狱里。林古度本人,没有明朝的功名、俸禄,却在入清20年后,还在心系故国。感慨之余,吴嘉纪赋诗一首。

一钱引·赠林古度

先生春秋八十五,芒鞋重踏扬州路。
故交但有丘茔存,白杨摧尽留枯根。
昔游倏过五十载,江山宛然人代改。
满地干戈杜老贫,囊底徒余一钱在。
桃花李花三月天,同君扶杖上渔船。
杯深颜热城市远,却展空囊碧水前。

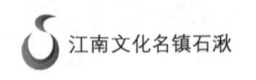

酒人一见皆垂泪,乃是先朝万历钱。

六、林古度与顾炎武、黄宗羲

苏州昆山千灯镇人顾炎武,是明末清初的大思想家,比林古度小了33岁。

1661年,在仰慕中,顾亭林先生献诗一首:

赠林处士古度

老者人所敬,于今乃贱之。
临财但苟得,不复知廉维。
五官既不全,造请无虚时。

林古度眼睛的毛病已经很严重了。

赵孟语谆谆,烦乱不可治。
期颐悲褚渊,耄齿嗟苏威。

赵孟,春秋晋国赵衰、赵盾父子,辅佐朝政,使晋国称霸;
褚渊,南朝宋、齐间名臣;
苏威,北朝北周、隋时名臣。
期颐,100岁。
耄齿,年老。

以此住人间,动跲为世嗤。
嶷嶷林先生,自小工文辞。
彬彬万历中,名硕相因依。

> 高会白下亭,卜筑清溪湄。
> 同心游岱宗,谊友从湘累。
> 江山忽改色,草木皆枯萎。
> 受命松柏独,不改青青姿。
> 今年八十一,小字书新诗。
> 方正既无诎,聪明矧未衰。
> 吾闻王者兴,巡狩名山来。
> 百年且就见,况德为人师。
> 唯此耇成人,皇天所慭遗。
> 以洗多寿辱,以作邦家基。

矧(shěn),况且。

耇(gǒu),年老。

慭(yìn),恭敬。

《诗经》里说,"乐只君子,邦家之基"。

《左传》里说,"德,国家之基也。有基无坏,无亦是务乎?有德则乐,乐则能久。诗云:'乐只君子,邦家之基'。有令德也夫"。

明末清初另一个大思想家,浙江余姚人黄宗羲,年轻时曾在南京向林古度学习作诗的技巧。他们有着比较相似的家庭遭遇,黄宗羲的父亲是东林党人,被魏忠贤所害。

晚年时,黄宗羲著有《思旧录》一书,追忆往事、人物、似水流年,对林古度的描写和记录是这样的:

林古度,字茂之,闽人。住南京。萧然陋巷,车马盈门。其先人曾被廷杖。余赠诗,有:

> 痛君旧恨犹然炽,而我新怨那得平。

茂之读之,流涕。

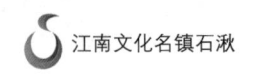

本篇以上涉及的五位相关主要人物,按照出生年份排序:

林古度(1580—1666)

钱谦益(1582—1664)

黄宗羲(1610—1695)

顾炎武(1613—1682)

王士禛(1634—1711)

七、《玉乳泉》诗及其他

(顺治)《溧水县志》对乳山上的泉水的记载是:

在乳山石岩下。味甘洁。吴门吴运嘉勒石于上曰"玉乳泉"。

秦塍头村《秦氏宗谱》中,还保存有秦氏族人秦绍先写作的诗《玉乳泉》:

> 天乳明,甘露零。
> 圣人出,醴泉沸。
> 乃知水德最堪珍。
> 生必其地、其时并其人。

秦绍先在《乳山人》诗的序言里,说自己的写作风格是"俚言咏及"。这首开头的风格,已经向李白靠拢了:玉乳泉,是与圣人同出的圣物。

> 我住秦村乳山旁,下有乳泉波汪洋。
> 球栏奇干保护之,佳名岂第琅玡酿。
> 源湛非关疏勒拜,注兹或者贰师强。
> 乳山老僧爱诗客,朝来饷我两瓶玉,

乳山出诗人。前有乳山老人林古度,现在乳山老僧也是爱诗客。

疏勒,东汉时耿恭为将,守疏勒城。匈奴围攻并断绝水源,耿恭拜井得泉。
贰师,《汉书》:大宛有善马,在贰师城。

甘同元洲涧,洁比新丰谷。
清明时节槐大红,落花风里松烟绿。
俄觉清飚两腋生,谁云七碗吃不得。
坐令紫霞碧薤皆无色。
金茎露,玉女浆,天垂琼液奉君王。
臣家欣在廉让间,祥膏恩泽况侬尝。
何不配以白乳石乳精一献。

吾亦爱吾庐·小庆

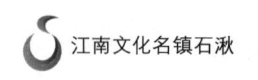

元洲,道教传说中的仙境;

七碗,唐代诗人卢仝的七言古诗《走笔谢孟谏议寄新茶》,其中重点的一部分,一碗怎么样,两碗怎么样,直到七碗,写出了品饮新茶给人的美妙意境,广为传颂,俗称《七碗茶诗》。

林古度本人的作品,也以"俚言咏及"的《乳山饮泉歌》开始。

乳山饮泉歌

林古度

朝饮泉,暮饮泉,泉生一勺非偶然。

仙山灵气吐玉液,乾坤开辟随渊涓。

世人但知饮泉水,不辨是蒙还是氿。

只可适口与沁心,不许浴身及下体。

物有轻重贵贱分,江河湖海多泥滓。

我何人斯得乳泉,剑州天阶名可比。

员邱顶上更胜之,饮之不老从此始。

蒙,云气、细雨;

氿,泉水从旁流出。宜兴人喜欢用这个字作地名。

在今天可见的(顺治)《溧水县志》中,林古度作为主编,为自己安排了两篇文章、六首诗。

文章是:

《异桂赋(并序)》

《〈溧水县志〉后叙》

诗是:

《正显庙》(七律)

《徽恩阁》(七律)

《怀白亭》(五律)

《游无想寺》(七律)

《巢云庵》(五律)

《楼桑馆诗》(五古,歌行体)

两文六诗,与石湫、乳山内容无涉,暂且按下不表。

在(光绪)《溧水县志》中,另外保存有林古度如下诗作:

《乳山饮泉歌》(前面已经引用)

《四月新月》(五律)

《蒲村访武士可、勷甫、惟美诸先生》(五律)

《闲吟次武士可韵》(七律)

石湫和林古度唱和的人,及其作品,如下:

《林那子重隐乳山,次勷甫韵》(武令仪)(七律)(前已引)

《读林那子〈交情集〉二首》(武令仪)(五律)

《林那子先生见访步韵》(武可勋)(五律)

《赠林那子》(武令绪)(七律)

《乳山和林那子韵》(武维英)(五律)

《重游乳山院》(武昇)(七律)(前已引)

从上引可以看出,清一色武姓族人。

武姓,是石湫桑园蒲村的一个大族。他们跟着宋高宗赵构的脚步,在南北宋之际从河南搬迁而来,后来成为大族。

明朝武尚耕,便是杰出代表。

小茅山尚书塘(俞栗)、石湫坝天官府(王守素)、桑园蒲牌坊群(武尚耕),是以往石湫的三个典型地标。

兵荒马乱的年月里,土匪们的一句口号,可以反过来证明桑园蒲曾经的富裕与繁华:打进桑园蒲,人人有老婆。

今天的武姓族人,已经发展到了石臼湖南岸:高淳区武家嘴。

这恰如石湫的文化:吸收、交融、发展。也恰如当年的桑园蒲人对待林古度的态度。

上引武氏族人六题七首诗,除了"前已引"两首外,其余如下:

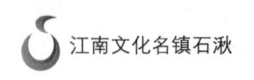

读林那子〈交情集〉二首

武令仪

无计将愁去,梅花送影来。
推窗邀月坐,命酒酌灯陪。
足醉行歌懒,眸昏待眼开。
交情读未竟,思绕碧山隈。

读遍松坡集,方知耐久心。
道当今日贱,情比旧来深。
为国生幽愤,怀人发壮吟。
遥将诗共酒,胜鼓伯牙琴。

《交情集》。也许就是秦绍先家里所藏的那一种。可以令人联想林古度可能还有不太为外人所知的诗文集,林古度的《蒲村访武士可、勷甫、惟美诸先生》一诗,和武可劻的《林那子先生见访步韵》一诗,是次韵唱和作品。

林古度:

到来观第宅,不信是山村。
美自为仁里,高应重德门。
历多朝与代,对罕弟同昆。
老我衰迟久,今方获讨论。

林古度高度赞扬了桑园蒲村、武氏弟兄。认为桑园蒲村武氏弟兄和睦相处,达到了孔子所说的"仁"的境界。

《论语》:里仁为美,择不处仁,焉得知?

居住在有仁德的地方才是好的。选择住处,不住在有仁德的地方,那怎么能说是聪明智慧呢?

这可以理解为林古度选择隐居石湫乳山的内心告白。

武可勖：

> 甘隐栖岩宅，扶筇过小村。
> 清风披栗里，瑞色映蓬门。
> 德业光前代，文章泽后昆。
> 愿言趋侍久，对榻细评论。

筇，竹子手杖。

人生到处知何似·小庆

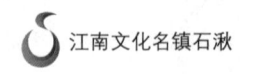

赠林那子

武令绪

和靖高名压九州,耽奇晚为乳泉留。
半龛灯火同僧定,一径枫林共客愁。
闽海人存文献叟,中山鹤伴雪霜头。
闲来睡起抛书卷,村北村南任意游。

乳山和林那子韵

武维英

碧落一轩满,清香乳数壶。
好诗传竟席,高步送登途。
君转只依竹,我归仍望梧。
一春连晤别,何次不西脯。

何次不西脯,不解。待考。

考虑到诗的题目里有"和林那子韵",有可能是"次韵"之作,那么"何次"的"次",有可能就是"次韵"的"次"的意思。但整句还是不解。

欣赏一下真正体现林古度功力的作品:

闲吟,次武士可韵(七律)

不倒金尊把玉卮,村醪蒲勺醉乘时。
四围山在日携杖,一片花飞减却诗。
乡里罕闻无米籴,邻家多见有薪炊。
浑同上古升平世,独异神农与伏羲。

首先这是次韵诗,是"戴着镣铐跳舞",但几乎看不出痕迹。他要表达的想法,也很复杂,既怀念故国,又乐意看到当下的乡邻生活安定、富足。

四围山在日携杖:

刘禹锡"山围故国周遭在,潮打空城寂寞回"。

一片花飞减却诗:

杜甫"一片花飞减却春,风飘万点正愁人"。

在石湫乳山平静、安稳的生活,终究被林古度自己心中的"执念"(情怀)打破。正像他心中的偶像郑所南(思肖)的《心史》的遭遇一样,单单"藏诸名山"是不够的,必须"传之后世"。

于是1662年起,南京城里就出现了一个又老又穷的"老古董"式的人物。冬天没有棉被,夏天没有蚊帐。

金陵冬夜

林古度

老来贫困实堪嗟,寒气偏归我一家。
无被夜眠牵破絮,浑如孤鹤入芦花。

还是石湫好啊。还是乳山好啊。

"施愚山、王阮亭,二公老眼为公青"。

施闰章(愚山)这个老朋友真是不错,虽然人不在南京,马上托人送钱、送物。

他知道老头子的"诗人"心理,用白色的麻布做了一顶蚊帐,然后请人在上面题诗,叫作"墨守",这样老头子就不会把它卖了换钱了。

后来居然有商人认为这叫作"诗帐",更加值钱了,竟然上门求购。

请欣赏"诗帐"上的其中两首诗:

其一:

隆万诗人林茂之,江关垂老益支离。
从今睡稳芦花被,孤鹤宁教白鸟欺。

其二：

斗帐殷勤白苎裁，使君亲自写诗来。
孤山处士朝眠稳，朝日烘门懒未开。

湖畔谁人唱竹枝·小庆

石湫王伯沆与南通张謇的未了缘

这一篇,如果一定要算入状元和石湫的关联,也说得通。但不能落个"生搬硬套"的嫌疑,所以单列。

述而不作,信而好古。

这是孔子在《论语》中,对自己状态的一种描述。

述而不作,将古人的智慧、心得加以陈述和传播,并不急于加入自己的思想,自己也不是急着著书立说。

这种境界,很是适合一个优秀的老师。

原籍石湫街道塘窦村行政村、汤庄自然村的王伯沆(王瀣)先生,是清末至民国年间著名的国文老师(耆儒)。可以当得起这个境界。

王伯沆,1871—1944,字瀣,晚年自号冬饮。

冬饮沆瀣,出自《楚辞·远游》及注,是孤高贞洁之象;

又字伯谦。

伯谦是老师黄葆年为他取的字,希望他能柔退以自处。

又号无想居士,表示他对佛学的会心,也彰示他来自溧水的原籍背景。

他的师承关系是:

早年学于端木采(内阁侍读,诗书画俱佳);

后入钟山书院,师从文廷式、陈三立、俞明震;

壮年问学于黄葆年门下。

其中,文廷式是1898年戊戌变法时的风云人物,科举考试榜眼出身;

陈三立是陈寅恪先生的父亲,湖南巡抚之子、当时的诗坛领袖;

俞明震,是陈寅恪的舅舅,俞大维的伯父,也是鲁迅先生的老师;

黄葆年,是"太谷学派"的掌门。这个学派主张发展经济、富而后教、养

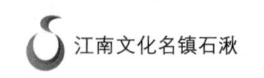

民为本。

因此王伯沆又和这个学派的中坚、《老残游记》的作者刘鹗,成了同道。

这样的师资力量,简直是有点太过豪华。

王伯沆也因为出色的才华,和老师们形成了亦师亦友的关系,被聘为陈三立家的家庭教师,教育陈寅恪兄弟几人。

也因此和陈家大公子陈衡恪(师曾)成为诗友,也为南通一缘埋下了伏笔。

当时人记载,"相从优游于六朝烟水间,秦淮寻涨,后湖观荷,诗酒流连,殆无虚日,人谓胜流如林,蔚为景象"。

王伯沆先生的主要经历:

1908年,受校长李瑞清之邀,为"两江师范学堂"文科教习。同事有柳诒徵等人;

1911年,辛亥革命,师范停顿,遂在南京"江南图书馆"任事。

与"金陵刻经处"杨仁山居士为友,研讨儒佛教义及关系;

1915年,"两江师范学堂"改为"南京高等师范学校",受校长江谦邀请教授国文,并兼首任国文系主任;

1921年,南高师改为"东南大学",1928年改为"中央大学",仍任教授;

1937年,抗战爆发,因中风,不能随中央大学迁川,留宁。拒不接受日伪邀职。

王伯沆之女王绵回忆,1937年12月中旬,日军空袭中华门护城河外一家兵工厂,飞机就从她家房顶掠过。

中华门城楼上,日军架起90多门高射炮,日夜不停轰炸城内。

爆炸声越来越近,人们蜂拥至防空洞。

因中风未能随学校撤往重庆的王伯沆,躺在床上不愿离开。

几个学生欲用担架把他抬进地下室,遭到坚拒。

王伯沆说:"动物植物都有一死,人对死亡也不要害怕,不要看得太重。"

"没想到卢沟桥事变以后,日本人这么快就打到南京。作为一个中国人,除了痛心疾首,唯一能做的就是不要苟且偷生。"

王伯沆对时年 10 岁的女儿的告诫是这样的:"日本兵要杀我的时候,你把头扭过去,不要看也不要哭。你一喊,我的心就乱了,请成全我,请成全我!"

1944 年 9 月,王伯沆先生因病辞世。

临终遗言是,我生不愿意见到日寇,死了,棺材也不愿意见到敌人,就把棺材埋在家里的院子里。

王伯沆故居

抗战胜利后,原国民政府特赠一块落款"蒋中正"的牌匾:

"爱国耆儒"。

王伯沆遗物大多为手抄古籍。

他一生述而不著,学术成就以注评为主。

他曾精读《红楼梦》20 遍。

从读第 16 遍起,先后用朱、绿、黄、墨、紫五色笔圈点批注。前后持续研究了 24 年,共做批语 12387 条。

1985年,江苏古籍出版社出版了《王伯沆红楼梦批语汇录》上下两册。

王伯沆著作

王伯沆先生还非常善于抄书。

他抄书有三个原则,一是孤本抄,如王采薇《长离阁诗》;二是佳本未能经人发现者抄,如阮大铖《咏怀堂集》;三是难读之书抄,如《樊文汇录》。

正因为如此,王伯沆先生的大量藏书中,许多均为先生的手抄本,而不管是刻本还是抄本,所有的藏书几乎都留下了或多或少的评点批校。

1998年起,扬州广陵古籍刻印社陆续出版了《冬饮丛书》。

第一辑收了六种:《清词四家录》《咏怀堂诗集》《樊文丛录》《樊文汇录》之一种)《长离阁诗附茗柯词》《倪文贞公诗集》和《孙可之文集》;

王绵说,先父当年受聘于陈三立,在陈家做过塾师,时常与陈三立、陈衡恪父子互相唱和。

陈三立是"同光派"诗人,很推崇郑珍(西南巨儒),将他尊为"同光体"先驱。受此影响,先父手抄了《巢经巢诗集》。

王绵又说,先父一生爱书如命,手不释卷。

他留下来的点阅批校手写的书籍,共有一百九十多种,其中手抄的书就有三十种。

他的学术思想,就散见于这些书籍之中。我要用余生将父亲的书籍守住。

王伯沆先生的遗物中,还有一枝紫毫毛笔,是刘鹗所赠。

笔杆上有刘鹗题句:象管愧无闲写句,玉尖可捧笑求诗。

在今天的南京市秦淮区江宁路4号(又名中华门东侧、边营98号),有"王伯沆周法高纪念馆"。

王伯沆周法高纪念馆

周法高,是王伯沆的学生、内侄、女婿。

后来去了台湾,是中国语言文字学家、世界知名的汉语语言学家。

王伯沆先生的高足弟子,还有唐圭璋、段熙仲等人,后来都成了名满天下的大学者。

上文说到,1915年,"南京高等师范学校"的校长,是江谦。江谦是江西婺源人,是清末状元、南通张謇的学生。

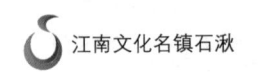

1902年起,张謇利用开办"大生纱厂"所应取未取的个人所得,在南通创办"通州民立师范学校"。

1902年10月至1903年12月,浙江海宁王国维,应张謇之邀,担任通州民立师范学校教师,成为张謇创办通州师范的重要助手,参与了审订管理章程、审查教习讲义等开校事宜。

任职通州师范期间,王国维成了一名学者、教育家;

后来成为清华大学国学四大导师之一。

1904年正月起,江谦正式担任通州师范国文教员;1906年起担任学校"监理",江谦为此三夜难眠,责任重大、使命光荣;1914年,任通州师范校长。

正是由于在南通的实践与锻炼,使江谦在1914年下半年,被任命为江苏省教育司司长、南京高等师范学校校长。

从1911年2月至1913年4月,陈衡恪受张謇之邀,至通州师范学校任教,专授博物、美术课程。

也正是陈衡恪在通期间,向张謇和江谦,推荐了石湫王伯沆。

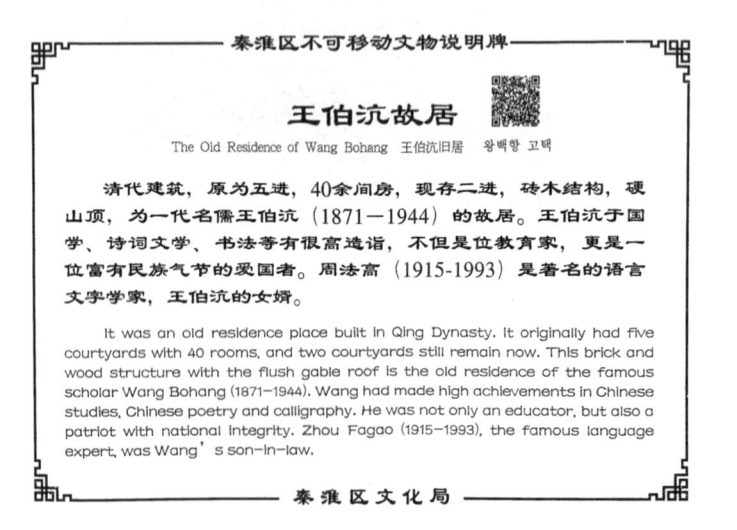

秦淮区不可移动文物说明牌

王伯沆故居

The Old Residence of Wang Bohang 王伯沆旧居 왕백항 고택

清代建筑,原为五进,40余间房,现存二进,砖木结构,硬山顶,为一代名儒王伯沆(1871—1944)的故居。王伯沆于国学、诗词文学、书法等有很高造诣,不但是位教育家,更是一位富有民族气节的爱国者。周法高(1915-1993)是著名的语言文字学家,王伯沆的女婿。

It was an old residence place built in Qing Dynasty. It originally had five courtyards with 40 rooms, and two courtyards still remain now. This brick and wood structure with the flush gable roof is the old residence of the famous scholar Wang Bohang (1871-1944). Wang had made high achievements in Chinese studies, Chinese poetry and calligraphy. He was not only an educator, but also a patriot with national integrity. Zhou Fagao (1915-1993), the famous language expert, was Wang's son-in-law.

秦淮区文化局

王伯沆故居介绍

1933年暑假,当时的中央大学教授王伯沆,回到汤庄村老家。一方面是消暑,更主要的是受族人邀请,商讨族谱编辑事宜。

有天晚上纳凉,王伯沆兴致颇高,突然说起了民国初年,南通状元张季直(謇),邀请自己到通州师范任教,被自己婉言谢绝的事情(事见《塘窑村风情》一书)。

现在已经无法推测当时的语境和王伯沆先生说出这一件事情时的心境。

张謇纪念馆照壁

那一年,张謇先生已经离世七年;

江谦先生开始回到通州湾三余镇的"滨海耕读处"定居,并且成为一个积极弘扬佛法的居士。那一个暑假过后,井冈山上的围剿与反围剿,就要进入第五次了。

石湫王伯沆和通州师范的未了缘,就这样不了了之了。

只有南高师的江校长,后来的江易园居士,当年为南高师创作的校歌歌词,经李叔同(弘一法师)谱曲后,直到现在,还在被现在的南京大学认同为校歌（南高师至少也是现在的东南大学的源头），到处传唱：

　　大哉一诚天下动！
　　如鼎三足兮，曰知、曰仁、曰勇。
　　千圣会归兮，集成于孔。
　　下开万代旁万方兮，一趋兮同。
　　踵海西上兮，江东；
　　巍巍北极兮，金城之中。
　　天开教泽兮，吾道无穷；
　　吾愿无穷兮，如日方暾！

　　（本篇参考了陈春生先生《横山村览胜、塘窦村风情、光明村史话》等著作）

石湫毛汝采与蒋氏父子的因缘

"石湫书画家协会"主席许君,赠送笔者一本品读书法文化、书法艺术的专著:《读碑帖》。

《读碑帖》的作者,是当今南京书法名家诸荣会。

荣会先生祖籍溧水石湫。

该书通过"读、说、访、论"四种方法,"破译传世碑帖里的文化密码"。

开卷第一篇,是讲"石鼓文"的。荣会先生讲述了自己18岁时的一段经历,使笔者对文中未交代姓名的另一个石湫人产生了兴趣。

"考上大学的那一年的暑假,自然是个十分愉快的暑假,只是愉快加无所事事便不免生出无聊;正是在这种无聊中,乡亲们的奔走相告让我知道了一个消息:村里一位在外几十年的乡亲回来了。大家都赶去他家凑热闹,我自然也是其中之一。

我说乡亲们奔走相告其实并无夸张,因为我的这位乡亲算是村里走出去的一位'大人物',二十多岁就任河南登封县县长,1973年被释放,但也一直不曾回乡——终于一朝回乡,能不让乡亲们奔走相告吗?

不过我赶去他家凑热闹,并非仅仅是因为他是村里的'大人物'和他人生的不无传奇色彩,更因为我从小就听村里人说,他写得一手

毛汝采书法

好字,他的书法当年在河南如何如何'值钱'——当时我正为自己学书而拜师无门苦恼着哩!

他家本与我家既不沾亲也不带故,所以我赶去凑热闹也仅仅只凑得了一点热闹而已;好在他家与我姐姐家倒沾着亲戚,于是几天后,在我姐姐家为他特备的接风酒席上,我与他坐到了一桌,并有了说话的机会。我向他请教一些书法上的问题,他很惊奇,也很高兴,便与我聊了起来,他说他真是想不到,在这村子里竟然还有能与他聊书法的人。我把家里藏着的仅有的两张宣纸拿了出来请他给我写两张字,他将一张写成了幅整张的中堂,将另一张裁开写了一副无言对联,中堂为隶书,对联则是石鼓文。写完后他高兴地说,真是没想到,这村子里头竟然还有人家里藏有宣纸,且纸还不错,很高兴的样子。于是在众乡亲的撮合下,他终于答应做了我的书法老师,只是说我还没到些石鼓文的年龄,还是得先写写唐楷。那一年,我十八岁,他八十岁"。

综合《石湫镇志》《石湫文汇》《炎黄春秋》等书,可以发现,今天的东泉村行政村、李家圩自然村,民国年间曾经出过一位颇有传奇色彩的县长:毛汝采。

毛汝采(1906—1989),字素先。从小表现出在学习方面的天赋,世代农耕的家庭便也倾力培养。

几年后,毛汝采果然以优异的成绩考取了当时有名的镇江中学(当时溧水属于镇江管辖)。

镇江中学分男子部和女子部。就读期间,毛汝采总是男子部第一名。当时在女子部的于素华也总是第一名。

于素华生于富贵人家,算得上是一位大家闺秀,她和华罗庚的姐姐华莲青是密友。

于素华的哥哥于杰和毛汝采是同班同学。他鼓励自己的妹妹主动追求毛汝采,同时也鼓励毛汝采,说他们两个,一个是男子部第一名,一个是女子部第一名,挺般配的。

镇江中学毕业后,于素华在母亲和她断绝母女关系的情况下,毅然跟着毛汝采回到李家圩,这件事给小小的李家圩带来不小的轰动。

毛汝采中学毕业后,考取了当时的北平政法大学经济系。

1928年,蒋介石的国民政府在形式上统一了中国。

毛汝采大学毕业后,任南京市政府土地局调查股主任,后来又担任远东新闻社南京总社编辑。不久,去了河南,供职"特区抚绥委员会"上校科员。后又调任"党政联合办事处"科长暨"河南第九区行政督察专员公署"科长。因办事能力突出,受到当局嘉许。

早在南京任职期间,毛汝采参加了中央考试院考试,并取得了"上校执法官兼县长"的资格。1933年3月,任河南登封县县长。

1936年秋,蒋介石在洛阳"避寿"(50虚岁)(实际上兼有部署对陕北红军的清剿),顺便游览登封嵩山(中岳)。

毛汝采作为登封县长,陪蒋游览嵩山、少林寺、中岳庙、嵩阳书院等名胜古迹。因此也和蒋经国成了熟人,并结为异姓兄弟。蒋介石事后给毛汝采一万元酬金,他分文不取全部交入县库,为地方兴办公益。

毛汝采先后在河南登封、临汝(两届)、清丰等县连任四届县长。

毛汝采在清丰当县长期间,正好是第二次国共合作时期,为了配合共产党的抗日民族统一战线,他和宋任穷、杨得志以及南汉宸等建立了深厚的友情,做了很多积极有意义的工作。

曾任全国人大常委会委员、教科文卫委员会副主任委员的范敬宜先生,曾经撰文《有这样一位县长》,介绍了毛汝采事迹,评价道:"尽管他是旧社会

毛汝采书法

的官员,但出淤泥而不染,对于真心实意造福一方的人,老百姓是不会忘记的。口碑胜于丰碑啊!"

毛县长的事迹,今天已经进入了河南的地方戏曲当中。但有两样东西,应该是没有"戏说"成分的:

当年登封百姓敬仰他,为他立了一通"德政碑",这块碑至今还立在嵩山中岳庙中。

2012年夏,少林办事处左庄村村民发掘出一通"毛县长开凿金牛泉碑记"石碑,立碑时间为民国廿六年(1937年)冬月。碑文云:"我县长毛公莅登以来,清廉正直,勤政爱民,公款不入其囊,阿言不入其耳。每晨朝集训话,数年如一日"等等。

抗战胜利后,毛汝采卸任县长,投身实业。

1949年,毛汝采的同学、朋友严家淦(苏州吴县木渎人,时任台湾省"政府财政厅"厅长、台湾银行董事长),为毛汝采买好了一家五口去加拿大的机票。

毛所在工厂的工人们一听说毛汝采要走,两千多人在绸布上签名,并选出了30名代表拉起绸布,请求毛汝采不要走。毛汝采一见这个场景,泪水止不住地直流,盛情难却的毛汝采最终当着工人代表的面,把五张机票当场撕毁。

1951年"镇反运动"中,毛汝采被开封市人民政府判处无期徒刑。

24年后,毛汝采于1975年(一说1973)经特赦出狱,被安排在洛阳市凯旋锅炉厂工作(职工)。

后来被吸收为洛阳市政协委员,从事统战工作。他给蒋经国写过很多信,为促进两岸关系做了很多积极的努力。至今他的那些通信手稿还保留在儿子毛贻阳手中。

毛汝采擅长书法,精研石鼓文五十余年,楷、行、草、篆等各体皆挥洒自如,堪称一代名家。

再回到诸荣会先生充满深情的回忆中:"这是我第一次看见石鼓文,更是第一次当面看人书写。说实话,当时除了觉得稀罕外,并没看出什么高妙。我考上的是一所师范院校,大一有书法课,我把那副石鼓文对联带去学校给教我们书法课的老师看,老师一看连声说好,并问我是什么人写的,我如实相告。老师似自言自语道:'高人'!

其实,还没等我暑假结束,那位'高人'老师便又离开故乡去千里之外的子女那里了,当然,他给了我地址,约好我每周可向他寄一次临帖作业,他会通过信件给我批改,但是这样的来回仅几次便断了,我的作业寄过去都不见回信,一段时间后得到的竟是他去世的噩耗。

我与第一位书法老师的师生之缘就此尽了,为了表达我的怀念之情,我买来了石鼓文字帖,学着临习了一阵——尽管老师说过我还没有到写石鼓文的年龄;当然,对于石鼓文的认识和了解,也日渐深入和丰富了起来"。

"我的老师是从什么时候临写石鼓文的我不知道,但是我知道他并非从小开始,因为我听我父亲说过,他年轻在家乡时,其书法经常得到人们夸奖的一个字是'活',据此我曾猜想,那一定是流利的行草书吧!

但是他晚年几乎放弃了行草书的创作,专写石鼓文,汉隶也只偶写。当我对他书写的石鼓文表示出兴趣时,他曾亲口对我说,学学未尝不可,但是你这个年龄终还写不好它!显然,他说这话的原因,并非只是因为石鼓文只是一种'稀世遗文',难以认写、存世字少等。他还告诉我,后世学石鼓文者众多,但是得其精髓者唯吴昌硕一人而已,清代至杨沂孙、吴大澂,民国之王福庵,当代之马公愚和他自己,都或刚入得其门,或一只脚迈进了门槛,或还完全在门外"。

(本篇另外参考了武兆祥先生载于《石湫街道历史文化资源汇编》中的《毛汝采轶事》)

毛汝采书法

明觉铁画与《汤鹏铁画歌》

铁画,是一种用铁片和铁丝锻打焊接而成的美术作品,主要借鉴国画的水墨、章法、布局,线条简明有力、苍劲古朴,是我国工艺美术宝库中的一朵奇葩。

铁画的创始人是清代康熙年间的溧水人汤鹏(1644—1722)。

汤鹏祖居明觉乡(今石湫街道明觉社区),所以汤鹏成名后他所首创的铁画被称为"明觉铁画"。

2007年,"明觉铁画锻制技艺"被南京市人民政府列入首批南京市非物质文化遗产名录。

自古以来,明觉一带百姓多以锻造刀具为业。刀具业现在仍很发达。

汤鹏从小学得了一身打铁的好手艺。

为了谋生,年轻的汤鹏来到了商贸繁华的芜湖,租赁了临街门面,自营铁业作坊。

(汤鹏的房东是什么人,本来也是会湮没无闻的。幸好,房东的曾孙,是个文化人,是后来乾隆时期的进士,名叫黄钺。黄钺留下了文字记载,使后人知道汤鹏的房东是"乾隆进士黄钺的曾祖父"。)

芜湖地处长江之滨,既是水陆交通要道和各种物资集散中心,又临近中国佛教四大名山之一的九华山,不仅万商云集,人流如潮,其间更有众多香客信徒,他们都喜欢购买芜湖铁铺中打造出售的简易铁花枝、铁花灯作为上山敬佛之用。

汤鹏也天天打制这些铁器出售。天长日久,他开始琢磨如何将这些简易的铁花枝、铁花灯打制得更加好看,也好卖出好价钱。汤鹏对绘画的兴趣和爱好因此也越来越强烈。

汤鹏的住所隔壁,也即"乾隆进士黄钺的曾祖父"家隔壁,住着著名的"姑孰画派始祖"肖云从。

(关于姑孰的介绍,请参本书有关石臼湖篇。)

在芜湖,也有"芜湖铁画"的概念。当地地方志书是这样记载的:

芜湖铁画始于清康熙年间,由芜湖铁工汤鹏与芜湖画家萧云从相互砥砺而成。

汤鹏,祖籍徽州,迁居江苏溧水。幼年时为避兵荒而流落到铁冶之乡——芜湖定居。

据清代《芜湖县志》所录韦谦恒《铁画歌·序》载,芜湖人汤鹏"少为铁工,与画室为邻,日窥其泼墨势,画师叱之。鹏发愤,因煅铁为山水障,寒汀孤屿,生趣宛然"。汤鹏从国画中受到启迪而创出铁画。

2006年5月,"芜湖铁画锻制技艺"经国务院批准列入第一批国家级非物质文化遗产名录。

汤鹏铁画·溪山烟霭图

溧水人应当抛弃狭隘的地方保护主义观念,为石湫人成为芜湖荣誉市民而骄傲。

毕竟,这一文化遗产,是属于全体中国人的。

而且,若没有萧云从的指点、帮助,汤鹏可能更难以从"匠技"向"艺术"转变的。

萧云从(1596—1673),字尺木,明末清初著名画家,姑孰画派创始人。在国内独树一帜,影响及于日本。

崇祯年间加入复社,入清后隐居不仕。

人物画主要继承了宋代李公麟的白描法,亦吸收明代陈洪绶之长,造型准确,形象生动。笔墨清疏苍秀,饶有逸致。

萧云从的挚友、清初四画僧之一弘仁的早期山水亦受其影响。

汤鹏早期所制铁画,皆"径尺小景",艺未成熟。

萧云从见其意诚,不以贫贱论交,按锻铁特点,绘制"皱为减笔林不稠"的画稿,给汤鹏作铁画。

由此技艺日精,扩展铁画天地,达到"铁为肌骨画为魂"的境界,成为当时大师。

汤鹏铁画·风雨归舟图

汤鹏铁画,炉火纯青,技艺精湛。当时文人墨客纷纷赋诗著文称赞。

第一个歌颂汤鹏铁画的,是杭州人梁同书。作前、后《铁画歌》。仿佛诸葛亮前、后《出师表》。

《铁画歌》梁同书(1723—1815)

序:汤鹏字天池,芜湖铁工也。能锻铁作画,兰竹草虫,无不入妙。尤工山水,大幅积岁月乃成,世罕得之,流传者径尺小景耳。以木范之若屏障，或合四面以成一灯。亦名铁灯。炉锤之巧，前代所未有也。汤亡，其法不传，今间有效之者，已失其真矣。

石炭千年鬼釜截，阳炉夜锻飞星裂。
谁教幻作绕指柔，巧夺江南钩䥇笔。
花枝婀娜花璁珑，并州快剪生春风。
芙丛蓼穗各有态，络丝细卷金须重。
云匡釦束垂虚壁，茧纸新糊烂银白。
装成面面光青荧，桦烬兰烟铺不得。
豪家一笑倾金赀，曲屏十二珊瑚奇。
前身定是郭铁子，近代那数缑冶师。
采绘易化丹青改，此画铮铮长不毁。
可惜扬锤柳下人，不见模山与范水。

梁同书猛夸了汤鹏铁画后，也指出了题材的局限性。

后铁画歌

梁同书

君不见芜湖有汤鹏，一生不晓画家画，但能驱使铁汁镂铁英。
从来顽物出神妙，妙处只在炉锤精。
阴阳造化一大冶，山川草木同流型。
鼋脂烧秉现火树，鸾血胶缀成金茎。
意匠直欲貌水墨，人间不许夸丹青。
呜呼，胡不铸鼎图写神奸形，又胡不鼓剑去斩蛟龙腥。
却穷岁月事摹绘，百炼要与九朽争。
传闻锻灶邻画室，画师激之意不平。
闭门落想敲铿铮，妙技一出千缮轻。
至今画手排浮萍，铁画独有汤鹏名。

仙人化去神龙迎，三十六冶皆不灵。

此技亦可喻至学，研穿铁杵吾儒刓。

我今顽钝不受点，乃欲白战辄共诗人鸣。

举似铁君足一笑，具与它日好事供讥评。

梁同书描写了汤鹏受画家激发的过程，并由铁画旁通到了其他方面，比如学问。白战，是作诗当中的一种游戏（次韵诗为主），追求难度，东坡发明的词。所以也引出了下面诸位的诗作。

《铁画歌》韦谦恒（1720—1796）

序：汤鹏字天池，吾邑人。少工铁，与画室为邻，日窥其泼墨势。画师叱之，鹏发愤，因锻铁为山水障，寒汀孤屿，生趣宛然，传至白下，可值数十缗。然性颓放，不受促迫，故卒以技穷云。梁山舟为作长歌，因与谢金圃、吴杉亭、陈宝所知之。

荆关一去倪黄死，无人能写真山水。

谁从铁冶施神工，万里居然生尺咫。

匠心独出古无初，扬锤柳下乐何如。

肯作两钱锥补履，直教六法归烘炉。

想见解衣任盘礴，烟树天然谢雕凿。

百炼化为绕指柔，始信人间免毫弱。

当年作贡来梁州，越人枉解求纯钩。

巨识乌金写生态，寒松怪石皴清秋。

唐宋画手纷于叶，素丝转眼飞蝴蝶。

何以铮铮不坏身，安用金题与玉躞。

独怜奇技坐天穷，江天日暮酒钱空。

不见程郑与曹邴，冶铸竟至千人僮。

胡为鼓谯营邱壑，空聚六州铸大错。

夜阑莫更弹哀弦,窃恐蕤宾一片跃。

《汤鹏铁画歌》黄钺(1750—1841)

序:钱塘梁侍讲同书作《汤鹏前后铁画歌》,一时属和者甚众,顾传闻有异辞。鹏字天池,钺乡人,幼闻先大父言其事甚详,初赁屋于先曾祖,贫甚,技亦不奇,有道士乞火于炉,炉灭,诘之,曰:"月余未锻也"道士击其灶,曰:"今可矣",径去。后觉心手有异,随物赋形,无不如意,第惜山水未能也,往诣萧尺木,求其稿,今所见萧画也。辄举所闻。别作一诗。

清泠水入中江流,以水淬铁铁可柔。
千门扬锤声不休,百炼精镂过梁州。
(芜湖水出宣歙,体重流驶,于淬钢宜,业者甚众,皆取水于石桥港。盖东则溪流方缓,西则江潮渐杀。)
材美工聚物有尤,汤鹏之技古莫俦。
始者顽钝贾不售,锻灶冷落虚为丘。
星精下瞩神光麻,遂令炉鞴盘蛟虬。
攻金竟类攻皮鞣,赋形萧物皆我由。
柳嘶蚕蛰芦蟏蛸,以两钳当毫双钩。
更思山水堪卧游,法无从得心烦忧。
萧君隐德如沈周,寄情诗画娱清修。
汤亟造请遂所求,皴为减笔林不稠。
寒山古寺宜深秋,间有衰柳维扁舟。
请看真本铁笔道,果与萧画无别不。
我家有屋临庄馗,汤久赁之缗未酬。
岁终往往以画投,灯屏烛檠多藏收。
不关豪夺与巧偷,比年捡卖靡有留。

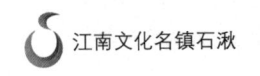

儿时大父辨绌优，我敬听之不敢诹。
太史作歌为阐幽，笔力直可回万牛。
盘空硬语雷同差，谀闻岂足供旁搜，
继声聊作鸣虫啾。

于湖竹枝词·第十九

黄　钺

风卷松涛入梦醒，卧游曾对赭山亭。
分明天水明于炼，一幅汤鹏铁画屏。

黄钺了解的汤鹏的细节最多。听他曾祖父讲的。
虽然手艺好、名气大，但是物质生活还是很困顿。

汤天池铁画歌

王　泽(1759—1842)

绘画之事先考工，两汉石刻推全翁。
图写圣贤类古拙，略具大意开群蒙。
从来金石因一理，范铸当更艰磨砻。
汤生技也进乎道，十三科具炉锤中。
述者谓明作者圣，此事创见真豪雄。
侔形象物出新意。造化在手天无功。
我闻汤生得异授，太乙下视烘苍穹。
遂令锻灶发光怪，役使群动生灵空。
拔钉泥里皴有法，斧劈大小兼能通。
文苏潇洒妙竹石，筌蒅琐细工鱼虫。
蛸蠕冉冉欲起蛰，戛击叶叶皆含风。
今知能高贵独绝，丹青易落纸易裂。

蠹鱼不顾鼠不䶩,吁嗟汤生寿如铁。

汤鹏铁画歌

马廑良

铁汁淋漓泼墨水,硬画盘空不著纸。
荆关变法未悟此,汤鹏戛戛造奇理。
作画意在炉锤先,水渲火刷生姿妍。
山川花鸟擅能品,九州象物泣神鼎。
螺金屈曲悬秋堂,衰灯顾影融坚光。
椎指人工夺天秘,此中疑有精灵藏。
六十年来珍尺幅,风带水衣皆碌碌。
闻道江南白纻山,弟子至今能画肉。

弟子手艺,不如师父;只能画肉,不能画骨。

芜湖铁画歌

康发祥

谁将镔铁作画本,奇巧独有芜湖人。
九州之铁不铸错,居然触手能成春。
嵇康好锻不足数,河阳作画非其伦。
吾闻古人运笔比铁劲,未闻屈铁如笔纯。
百炼之钢柔绕指,造作岂独能屈伸。
是画是铁技微至,惟妙惟萧形逼真。
或作花卉绽,或作山石皴。
或作湘兰垂雨叶,或作楚竹欹霜筠。
或见耕牛歌㦸㦸,或看奔马跑优优。
或有帆樯林里时出没,或指楼阁天际森嶙峋。

题铁画

朱文藻

乍看似墨泼绢素,山水人物皆空嵌。
风飘秀色动兰竹,雪催老干撑松杉。
华轩逼人有寒气,盛暑亦欲添衣衫。
最宜桦烛晓春夜,千枝万蕊发翠岩。
元明旧迹共啼视,转觉暗淡精神减。

铁兰花

许 仁

花满琼瑶雪满苔,巉岩时见数枝开。
等闲凭仗东风力,我自千锤百炼来。

铁画歌

魏之璜

芜湖画史锤当笔,以炉为砚铁为墨。
屏山一张白书寒,寒云尽带括苍色。
溪毛石骨劲而秀,细草孤峦亦清秀。
西风萧萧不可卷,兰叶如刀竹如剪。

汤鹏铁画诗书法·袁春生

汤鹏的铁画作品,流传至今的有:
《四季花鸟屏》四扇,收藏于北京故宫博物院;
《毛竹挂屏》幅,收藏于安徽省博物馆;
草书对联"晴帘流竹露,夜雨长兰芽"收藏于安徽省博物馆;《溪山烟霭》山水画,收藏于镇江市博物馆。

汤鹏铁字·晴窗流竹露夜雨长兰芽

安徽人民如此重视铁画,铁画在芜湖得到较好的保护和传承,也是"姑孰后人"共同的幸事。

1959年至1960年,芜湖艺人制作的大型铁画《迎客松》《梅山水库》和铁书法《沁园春·雪》,走进了人民大会堂,铁画艺术,也走向了全国,乃至世界。

今天,在石㳇明觉,明觉本地的锻铁艺人和匠人,在使传统的刀具产业转型升级的过程中,同时也在努力向芜湖同行学习,使先辈留下的技术与艺术,在新的时代,能够焕发出新的生机与活力。

(本篇参考了《石㳇镇志》《石㳇街道历史文化资源汇编》《芜湖县志》等。)

新四军与横山抗日游击根据地

石湫街道横山行政村,有一个"横山人民抗日斗争纪念馆"。

1937年8月,面对日寇不断扩大的侵华野心,国共两党摒弃前嫌,开始第二次合作,建立了"抗日民族统一战线"。

中共领导的武装力量,随后改编为"八路军""新四军"。

新四军,全称是"国民革命军陆军新编第四军",隶属于国民党军队战斗序列。是第二次国共合作期间,由第五次反围剿失败后,留在南方八省进行游击战争的中国工农红军和游击队改编的队伍(不包括琼崖红军游击队)。

以毛泽东为首的中共中央确立在保存与巩固革命武装、保证党对军队绝对领导的原则之下,"改变番号与编制以取得合法地位",壮大和发展人民武装。

虽然西安事变中蒋介石接受了"停止剿共,联合红军抗日,共产党公开活动"等6项条件,但实质上,蒋介石消灭共产党的决心一直没有变。他想通过"合作"实行军令、政令统一,剥夺共产党对军队的领导权(人事权),达到收编红军,进而消灭共产党的目的。

叶挺是1927年北伐时的名将。他向蒋介石提出,为了抵抗日本侵略,让他来集合仍留在南方的红军和改编这些军队的建议,并建议改编后番号叫"新四军"。

1937年10月12日,国民政府军事委员会正式宣布:南方8省13个地区(不包括琼崖红军游击队)的红军和游击队,改编为国民革命军陆军新编第四军,任命叶挺为军长。

经由中共中央提名,经国民政府军事委员会核定,任命项英为副军长,张云逸为参谋长,袁国平为政治部主任,邓子恢为副主任。

为加强对新四军的领导,中共中央决定成立中央军委新四军分会,以项英为书记,陈毅为副书记。

全军共一万余人,下辖四个支队:

第一支队,陈毅任司令员,傅秋涛任副司令员;

第二支队,张鼎丞任司令员,粟裕任副司令员;

第三支队,张云逸兼任司令员,谭震林任副司令员;

第四支队,高敬亭任司令员,杜平任副司令员。

1938年后,新四军军部驻皖南。

整个抗日战争时期,新四军在苏南,创建了以句容(大)茅山为中心的抗日根据地;

在溧水境内,也创建了三块抗日游击根据地,西横山就是其中之一。

抗战期间,溧水地区是苏南抗日活动的战略要地,也是苏南抗日根据地的重要组成部分,一度曾为苏南抗日斗争的指挥中心(据《溧水抗日斗争史》)。

1938年4月24日,毛泽东致电项英,"主力开泾县、南陵一带,先派支队去溧水一带侦察"。军部立即抽调了400多人组成先遣支队,选派粟裕为司令员、钟期光为政治部主任。

4月28日,粟司令员率部出发。5月13日晚,先遣支队到达江苏高淳县境,渡过石臼湖,在

《溧水抗日斗争史》

长流咀登岸后,经博望、明觉地区翻越西横山。5月19日,到达江宁铜山。

随后,派出三个侦察小组,分三路侦察敌情。粟司令员亲自带领一路经石湫坝、仓口、陈家、新桥往东,进行战略侦察、组织创建、抗日统战等各项工作。

在先遣支队进行战略侦察期间,国民党溧水县流亡政府县长兼第三战区溧水地方游击司令的部队,与国民党军江南游击第一挺进支队司令的部队,在今石湫桑园浦一带发生火并,粟司令员及时派人调处,安定了民心,提

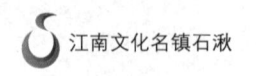

高了新四军的威望。

1938年5月4日,毛泽东电示项英,"在侦察部队出去若干天之后,主力就可准备跟行"。

5月15日,毛泽东再电项英、陈毅,"力争集中苏浙皖边发展游击战,但在目前最有利于发展地区,还在江苏境内的茅山山脉,即以溧阳、溧水地区为中心,想着南京、镇江、丹阳、金坛、宜兴、长兴、广德线上之敌作战"。

（以上电文均存中央档案馆。）

6月下旬,先遣支队建制撤销。新四军第一、第二支队各两个团,分别抵达苏南敌后,开展抗日斗争。

7月,根据国民党第三战区长官公署"严密监视、相机解决"的电示,苏南新四军一举歼灭了上文提到的、准备投敌的"江南游击第一挺进支队司令的部队",军威大振。

溧水是南京门户,日军、汪伪、国民党顽固派,都在争夺,新四军的游击斗争,夹缝中求生存,非常艰辛。

京剧《沙家浜》中说,"乱世英雄起四方,有枪便是草头王";"到底他们是姓蒋,还是姓汪"。横山新四军面对的情况,有点类似。

1940年8月,横山（江当溧,即江宁、当涂、溧水）地区爆发刀会暴乱的"横山事变",表面上是帮会势力杀害中共战士和群众;实质上,这几乎是"皖南事变"的预演。

横山地区一度陷入白色恐怖之中,中共党的基层组织和革命群众惨遭毒害,被迫转入地下斗争。

直至1942年夏,新四军十六旅四十六团的一部回师横山,横山抗日根据地才得以恢复。

1943年冬,横山县抗日民主政府成立,根据地建设全面展开,横山人民为苏南抗日斗争做出了重要贡献。

整个抗战期间,新四军支队副司令以上高级指挥员陈毅、张鼎丞、谭震林、粟裕、邓子恢,都曾亲临溧水或者横山地区,指导工作或指挥作战。

1945年10月,江南新四军完成历史使命,奉令北撤。

1949年4月,"钟山风雨起苍黄,百万雄师过大江",人民解放军占领南京,历史又翻开新的一页。

横山人民抗日斗争纪念馆·横山村史馆

西横山,又恢复了"南宋四大家"之一的杨万里曾经见过的模样:

横 山

杨万里

已过方山了,横山更绝奇。

争高一尖喜,妒逸众青追。

万马头惊拶,千旗脚㳽吹。

娟峰恰三五,隔柳尚参差。

宋诗讲究在写景的过程中"说理"。

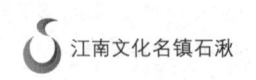

杨万里在横山也贯彻了自己"小荷才露尖尖角、早有蜻蜓立上头"的风格。

在杨万里眼中,横山和现代人唱的歌有点类似,"连绵的青山百里长呀,巍巍耸起像屏障",山峰一个接一个,像受惊的马的马头,挤压在一起(拶)(zǎn);一阵风吹过,山上的林海,就像无数的旗帜一样,随风飘扬。

(本书《石湫的状元、探花情缘》一文中,明代状元焦竑的文稿可做旁证:"其西为横山,三十六峰联络不绝者若屏"。)

西横山风光

但还是有主峰的,明显比其他的高出一筹(也许是杨万里的自许)。一骑绝尘,众人望尘莫及("争高一尖喜,妒逸众青追")。

用"娟峰"这个词形容山峰,是和杨万里同时代、同时期的一个扬州诗人的发明。"山吾良友儿吾师,嘉木异石相因依。如刻如棁如鬟眉,名峰以娟吾始之①"。

两宋时期还有一个著名词人周邦彦,曾经担任过溧水县的知县。周邦彦去世后七年,北宋就灭亡了。周邦彦幸而生活在太平年景,留下关于溧水的词句是这样的:"风老莺雏,雨肥梅子,午阴嘉树清圆",一派祥和。

到杨万里长大的时候,宋金已经议和,暂时太平,所以杨万里看到的溧

---

① 陈造(1133—203)《娟峰》节选。

水也是一片祥和。

　　三五明月之夜,娟峰为远景,垂柳为近景,西横山下,果然比刚刚经过的方山,要绝奇多了。

　　(本文参考了《溧水抗日斗争史》和有关新四军的研究资料。)

西横山风光

石湫书法选刊

史　敏（石湫籍）

诸荣会（石湫籍）

陈欣耘（石湫籍）

石無貴賤全憑匠心琢為玉

湫有淺深祇待和風拂成波

孔玲玲（石无·湫有 藏头对联）

王　昆（秋兴八首，见本书后记2）

附录一　缘起林古度的钱谦益同韵诗

本文的主角是林古度，就像本书的主角是石湫，应该赏析林古度的诗文，从而探寻当年的人情物态。

但是，林古度的诗文，被王士祯搞丢了，所以，只好退而求其次，简要赏析一下因为林古度而起的钱谦益的诗作。

（如果哪天能够读到林古度失而复得的诗稿，也是一大快事。）

选择的范围，仅仅是钱谦益的同韵诗。

同韵诗，往往被认为是游戏，是卖弄。另一方面看，"戏笔"当中，往往可以见真情和真相。

在《柳如是别传》中，陈寅恪先生的选择范围是和柳如是相关的、和钱柳行踪相关的钱谦益诗作（不是自比陈文）。

本文以林古度为主，本书以石湫为主，对于因"乳山老人林古度"而生发的钱谦益诗作，应给予适当关注。今人字面直接可以理解的典故，也不作过多、过度解读。但钱谦益高文雅什，陈公寅恪还常常觉得不得其解，何况本人？但为了乳山林古度，就不怕出丑了。

通过欣赏直接因为林古度的原因而创作的、钱谦益的同韵诗（1648—1650），也可想象一下明清易代之际，士人心态和生活状态。

一

（1648，戊子年）

公元1647年（清顺治四年），凤阳巡抚抓到一个人，叫黄毓祺，搜出他身上藏有与反清义军郑成功交往的书信。

有人告发常熟钱谦益也参预其事,遂将他逮捕至江宁(南京)。确有其事,然查无实据。月余,改狱外看管。

　　这段时间,钱谦益的朋友林古度(茂之、那子)、盛集陶(斯唐)等经常看望他,诗词唱和,使他深感安慰。

　　钱谦益自己记载:石湫"乳山老人"林古度,"偻行相劳苦,执手慰存,继以涕泣。感叹之余,互有赠答"。

　　林古度写了一首《戊子秋,重晤有感》。

　　钱谦益就开始发挥了。

　　再次说明一下,由于保存者、清初另一个大佬王士祯的"失职",林古度32岁以后的诗,今天几乎找不到了。只能在其他人的文集里看到某年某月的某一天,林古度曾经写过题目是什么的什么东西。令人恨恨。(文集保存工作,还是要表扬"诗王"白居易。参阅本书附录4。)

求其友声·小庆

次韵茂之"戊子秋、重晤有感"之作

残生犹在讶经过,执手只应唤奈何。
近日理头梳齿少,频年洗面泪痕多。
神争六博其如我,天醉投壶且任他。
叹息题诗垂白后,重将老眼向关河。

六博,投壶,古籍中记载的游戏项目。

"他",当时的读音是"拖"(tuō)。不是现在的"它"(tā)。

钱谦益写完后,精力、才力、心情,还有余量,无处发泄,只好自己再舞弄一番:

再次茂之"他"字韵(五首)

一:

覆杯池畔忍重过,欲哭其如泪尽何。
故鬼视今真恨晚,余生较死不争多。
陶轮世界宁关我,针孔光阴莫羡他。
迟暮将离无别语,好将发白喻观河。

覆杯池,南京城里一片比较励志的水面。东晋皇帝接受手下的意见,戒酒,表示决心,"覆杯于池中"。

庾信《哀江南赋》:泪尽,加之以血。

《左转》:新鬼小,故鬼大。

陶轮,观河,佛教词汇。

二:

残书焚罢劫灰过,汗简崔鸿奈史何。

贡矢未闻虞服少,专车长诵禹功多。
荒唐浪说程生马,伪谬真成字作它。
东海扬尘今几度,错将精卫笑填河。

崔鸿,南北朝时北朝史学家。

周武王灭商时,有个部族"贡楛矢石砮",后来被分封在陈国,"配胡虞公""使无忘服也"。

禹会群臣于会稽山,防风后至,禹杀而戮之,其骨专车。

《列子》:久竹生青宁,青宁生程,程生马,马生人。

它,蛇的古字。这一韵,改"他"字为"它"。

三:

风轮火劫暮年过,未死将如朽骨何。
逐鹿南公车乘少,操蛇北叟子孙多。
地更区脱徒为尔,天改撑犁可耐他。
李贺漫歌辞汉赋,不知铅水已成河。

风轮火劫,佛教词汇。

逐鹿,蒯通劝韩信的话:秦失其鹿,天下共逐之,高材捷足者先得。

北叟,愚公移山的愚公。

区脱,土穴。

撑犁,匈奴人对天的叫法。把清朝比作匈奴。

李贺《金铜仙人辞汉歌》:空将汉月出宫门,忆君清泪如铅水。

四:

凉风撼撼凛秋过,枯树婆娑奈尔何。
辽鹤定知同伴少,楚囚刚道一身多。
茫茫禹迹今如此,愦愦天公莫怨他。

惆怅渡头桃叶女,板桥犹说旧秦河。

辽鹤,辽东鹤。(参阅本书《思鹤之乡》篇。)
楚囚,《晋书》:王导曰:当共戮力王室,克复神州,何至作楚囚相对泣耶?
桃叶渡,位于秦淮河与古青溪水道合流处附近,东晋王献之和爱妾桃叶的故事。
《板桥杂记》,明末清初余怀所作,记述了明朝末年南京十里秦淮南岸的长板桥一带风情,类似《东京梦华录》。

五:

秋灯暖壁暗萤过,长夜漫漫复几何。
骑雀张翁罗网少,豢龙刘累牧刍多。
问天辞毕谁酬我,骂鬼书成孰致他。
梦噩酒悲频恸哭,不因除馆泣西河。

张翁骑雀,道教书籍中的玄怪故事。刘累豢龙,《左传》里的故事。
骂鬼书成、除馆西河,梦和泪相关的典故。
钱谦益向林古度反复表达的,就是一种无奈的心境。怀古伤今、今不如昔。
林古度、钱谦益另外一个朋友盛集陶,看见上面钱和林的诗,也凑了一回热闹,也次韵了一下。
钱谦益因此诗兴大发,又"自和"了五首。(盛集陶诗略。)

见盛集陶次"他"字韵诗,重和五首

一:

枪口刀尖取次过,银铛其奈白头何。
壮心不分残年少,悲气从来秋士多。

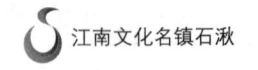

帝欲屠龙愁及我，人思画虎笑由他。
端居每作中流想，坐看冲风起九河。

这一首很是豪放、慷慨！

败壁疎帷朔气过，梦长休问夜如何。
天心象纬依躔少，地角龙蛇起陆多。
楚奏钟仪能忘旧，越吟庄舄忍思他。
西隣象戏秋灯外，抵几喧呶竞渡河。

这一首思念明朝，诅咒清朝。

秋衾铜辇梦频过，四壁阴虫聒谓何。
北徙鹏忧风力少，南飞鹊恨月明多。
杞妻崩雉真怜汝，莒妇量城莫甚他。
却笑玉衡无定准，天街仍自限星河。

这一首，借着和诗，钱谦益写给远在苏州的柳如是（天街仍自限星河）。

对于污蔑、嘲笑自己（失节）和柳（失贞）的人，钱谦益愤怒咒骂（四壁阴虫）。

对柳如是，表示信任、支持和感谢。

白翎雀断海青过，蜀魄啼如来路何。
肃慎矢楛天楛少，支祈神锁地维多。
周占墨食宁欺我，楚尹狐疑莫问他。
漫道张骞能凿空，终将一叶到天河。

白翎、海青，乐曲名；借海东青比喻女真之崛起。

> 八翼摧残六鹢过,呼鹰跃马意如何。
> 天回鹑火三精在,地长龙沙一柱多。
> 鹃讖北来仍唤汝,枭谋东徙莫知他。
> 夜阑把酒朝南极,箕尾芒销烂绛河。

面对现实,老钱没有办法。夜观天象,列宿依然。

二

(1648,戊子年)

钱谦益这次"狱外看管",借宿在丁继之家,在秦淮河边的房子里(水阁)。

钱谦益自记是"在青溪笛步之间",很是浪漫。

南京现在还有青溪路的路名,路很短,和秦淮河、夫子庙的关系已经没有了;

笛步,是东晋王徽之请人吹笛子的地方。

桃叶渡,王献之的故事。

王羲之后人,果然是"晋代衣冠"。

题丁家河房亭子(在青溪笛步之间)

> 小栏杆外市朝新,梦里华胥自好春。
> 夹岸曲尘三月柳,疏窗金粉六朝人。
> 小姑溪水为邻并,邀笛风流是后身。
> 白首吴钩仍借客,看囊一笑岂长贫。

幸好,还有一个人的文字流传了下来。就是与吴伟业、钱谦益并称为"江左三大家"的龚鼎孳。

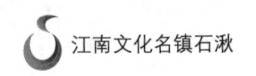

和钱牧斋先生韵,为丁继之题秦淮水阁

开元白发镜中新,朱雀花寒梦后春。
妆阁自题偕隐处,踏歌曾作太平人。
乌啼杨柳仍芳树,鸥阅风波有定身。
骠骑武安门第改,一帘烟月未全贫。

这两首诗很漂亮。

龚鼎孳(1615—1673),此人此诗,是罕见的能全方位与钱谦益一较高下的,但和林古度无涉,所以不展开。

三

(1648,戊子年)

求其友声 2·小庆

附录一　缘起林古度的钱谦益同韵诗

　　这一次是盛集陶主动,他写了两首诗给钱谦益。老钱"次韵答皖城盛集陶见赠二首",并且说,"盛与林茂之邻居,皆有目疾",所以第二首"戏弄"他们一下。

　　当时林古度(茂之)只有石湫乳山的别墅了,南京城里的豪宅,已经毁于战火,临时租房子住,和盛集陶相邻。都是老头子,眼睛都有毛病。顾炎武说,"五官既不全"。

　　所以钱谦益借题发挥,苦中作乐。

> 有瞽邻墙步屦亲,摩挲揽镜笑看人。
> 青盲恰比瞳昽日,象罔聊为示现身。
> 并戴小冠希子夏,长悬内传配师春。
> 徐州好士今无有,书尺何当代尔申。

　　瞽,本义为瞎眼。

　　第三句,你们两个瞎眼老头,好比古代的高人,不愿意出去当官,反而推脱说自己眼睛有毛病(青盲),实际上,心里清楚得很,期待太阳慢慢升起(瞳昽)(郑成功真的能成功)。

　　第四句,象罔—罔象—彷像—隐隐约约。

　　因为眼睛不好,看什么都是隐隐约约的。

　　别人平时也难得一见你们的(隐隐约约)。只有我这种高人、故友来了,或者遇到郑成功起事这种好事,你们才隐隐约约浮现了出来。

　　第五句,汉朝有两个姓杜的人,名不一样,字号一样,都叫子夏。其中一个眼睛有毛病,当时人为了区分,给他取个外号"盲子夏"。盲子夏很生气,自己做了一顶特别小的帽子,经常戴着。所以人们就好区分了,叫他"小冠杜子夏"。

　　子夏,又是孔子最得意的门生之一。"十哲"。

　　第六句,有一本专门解释《春秋左传》当中占卜内容的书,名字叫作《师春》。

　　第七句,徐州好士,指南北朝时,南朝名士江淹。江淹年轻时曾经受到牵连被关进监狱,他在监狱中上书申说自己冤枉,当天就被释放。(江郎才

尽,是他晚年时候的事情了)

三、四、五、六句,老钱描写中暗暗夸赞盛集陶、林古度。七、八句,写自己的心情,希望被释放。

过了几天,钱谦益到林古度那儿串门,看到书架上的几本破书,有所感慨,用上面那首诗的原韵,又写了一首:

岁晚,过茂之。见架上残帙,有感,再次申字韵

地阔天高失所亲,凄然问影尚为人。
呼囚狱底奇余物,点鬼场中雇赁身。
先祖岂知王氏腊,胡儿不解汉家春。
可怜野史亭前叟,掇拾残丛话甲申。

点鬼,"初唐四杰"中的杨炯,写诗喜欢古人姓名连着用,这种做法,时人叫作"点鬼"。

第五句,王莽篡夺了西汉的皇位后,推出了一系列新规矩。但有人还是按照西汉的礼仪做法祭祖,说"我先祖岂知王氏腊乎"?表示故国之思。

五、六两句连看,在清初可以认为是"反诗"。胡儿,比喻来自北方的清王室。

蔡文姬从北方归来,作《胡笳十八拍》,说,"汉家天子兮,布阳和"。

甲申,崇祯上吊那一年,1644年。

又过了几天,郑成功方面有了好消息。钱谦益激动,连忙写诗告诉林古度:

有喜,三次申字韵,示茂之

忠驱义感为君亲,袒臂横呼扫万人。
颠倒裳衣徒有泪,飞腾骨肉已无身。
三秦驲騕先诸夏,九庙樱桃及仲春。
砚北老生欣草檄,腐毫拳指一齐申。

类似文天祥"臣心一片磁针石,不指南方不肯休"的意思。

又过了几天,好消息没有成为现实。钱谦益只有再次向林古度吐槽吐槽:

四次韵,赠茂之

> 髡钳木索见交亲,乞食盘餐仰故人。
> 怪我头颅频离项,怜君目睫不谋身。
> 秦城北斗回新腊,庾岭南枝放早春。
> 共笑腐乳钻故纸,兔园册底颂生申。

第五句,钱谦益羡慕林古度有远见,不谋身;不像自己,只看到眼睫毛这么近的东西。钱谦益遣字、造句、寓意,甚妙。

四首同韵诗,由皖城盛集陶而起头,最后都落实到石湫林古度身上。

四

(1649,己丑年)

同韵诗唱和,一定要有旗鼓相当的对手,比如唐朝的元微之、白乐天;宋朝的苏子瞻、苏子由;比如钱谦益、柳如是。

上年,1648年,柳如是在苏州拙政园,生下了钱柳唯一的女儿。

由于多方努力,"狱外看管"又宽松了一点,钱谦益可以回到苏州。当时拙政园的主人叫陈之遴(彦升),在北京当官,和吴伟业(《圆圆曲》的作者)是儿女亲家。

因为吴伟业的关系,钱柳夫妇得以从上年起借居于此(钱自称"临顿里之寓舍"),应付案件的需要。

吴伟业(梅村)(1609—1672)当时在江苏巡抚手下干活,对钱谦益异地看管能发挥一定作用。

1649年正月初一,钱谦益作诗两首,这次比较惨,没有人和他唱和,只

渔隐·小庆

好自己次韵自己。钱谦益很是想念南京的林古度。

己丑元日（试笔二首）

春王正月史仍书，上日依然芳草初。
白发南冠聊复尔，青阳左个竟何如。
三杯竹叶朝歌后，一枕槐根午梦余。
传语白门杨柳色，桃花春水是吾庐。

第一首大意：前四句，大明王朝虽已不在了，南明小朝廷还在，明朝正统还在，但不知小朝廷情况怎么样。我虽已成了清廷囚徒，心里还是念想明朝的。

七、八句，南京的朋友，石湫林古度（林有《新柳篇》诗），请放心，我住在拙政园还行。

频烦襆被卷残书，顾影颓然又岁初。

自笑羁囚牢户熟,人怜留滞贾胡如。
　　渊明弱女咿呀候,孺仲贤妻涕泪余。
　　为问乌衣新燕子,衔泥何日到寒庐。

第二首大意:前四句,案子比自己预料的要复杂,所以还留滞苏州。五六句,可喜的是老来得女,妻子小柳贤惠。末两句,清廷的新贵们啊,什么时候能给我带来好消息呢?

这次小柳未和老钱唱和,推测和刚生小孩时间不长有关。

五

(1650,庚寅年)

1649年上半年,谋反案主犯黄毓祺死在狱中。经多方营救,钱谦益无罪释放。

南京石湫的"乳山老人"林古度,在营救过程中发挥了一定的作用。因为他和当时的主官洪承畴(明朝降将)有旧。

1650年正月初七,钱谦益作《庚寅人日二首示内》,寄托对身世、时局(他的学生瞿式耜还在广西一带反清)的无限感慨。也有老来得女的喜悦。

一:

　　梦华乐事满春城,今日凄凉故国情。
　　花燔旧枝空帖燕,柳燔新火不藏莺。
　　银幡头上冲愁阵,柏叶尊前放酒兵。
　　凭仗闺中刀尺好,剪裁春色报先庚。

二:

　　灵辰不共劫灰沉,人日人情泥故林。

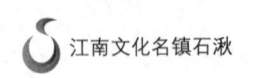

  黄口弄音娇语涩,绿窗停梵佛香深。
  图花却喜同心蒂,学鸟应师共命禽。
  梦向南枝每西笑,与君行坐数沉吟。

柳如是奉和二首。

一:

  春风习习转江城,人日于人倍有情。
  帖胜似能欺舞燕,妆花真欲坐流莺。
  银幡因戴忻多福,金剪侬收喜罢兵。
  新月半轮灯乍穗,为君酹酒祝长庚。

二:

  佛日初辉人日沉,彩幡清晓供珠林。
  地于劫外风光近,人在花前笑语深。
  洗罢新松看沁雪,行残旧药写来禽。
  香灯绣阁春常好,不唱卿家缓缓吟。

  钱的"黄口弄音娇语涩",柳的"银幡因戴忻多福",都是说他们刚得的女儿。

  "金剪侬收喜罢兵",对来之不易的家庭的、社会的太平景象的喜悦。

  "梦向南枝每西笑",对还在西南地区抗清的永历小朝廷的情感寄托。

  刚刚过去的三年(1648、1649、1650)。钱谦益诗题中,是传统天干地支纪年法,戊子秋,己丑元日,庚寅人日。

  1644年,明清易代之年,是甲申年。戊、己、庚开头的年份,与甲隔了三位,5、6、7,那么就是1648年、1649年、1650年了。

  佛日初辉人日沉,可以理解为以"佛日"代表永历,以"人日"代表清朝。

但"人日沉"不是在 1650 年,而是要到 1911 年。

佛日,在本书《客梦梨花夜雨初—明觉寺》一篇中,也有出现,可以参阅。

下一篇,将是钱谦益赠送林古度的三首生日诗。在这里,笔者代表林古度,集钱谦益的诗句为一诗,先表示感谢:

> 皇天那有重开眼,
> 上帝初无悔乱心。
> 共笑腐儒钻故纸,
> 腐毫拳指一齐申。

附录二　钱谦益写给林古度的生日诗

这一篇内容,是钱谦益专门写给林古度的三首生日诗,外加钱谦益自己的一首生日诗,作为资料,一并收录在这里,也可省略万一感兴趣的读者寻找的麻烦,也是吸取了王士禛的教训。

(尤其后二首的校对,以纸质版的《牧斋有学集》为主要依据)(上海古籍出版社)。

暂存的理由,是为了说明,他们之间除了应酬、唱和,也有主题明确的赠题作品(林古度70岁、80岁)。

林古度1580—1666年;

钱谦益1582—1664年。

林古度70岁,1649年;

林古度80岁,1659年。

钱谦益80岁,1661年。

钱谦益平时作诗,以杜甫风格为主(今传世有《钱注杜诗》)。这里林古度生日诗以李白风格为主(后二首)。

从中可以看到遗民心态。

第一首,《林那子七十初度》。

孟陬吾以降,七十古来稀。

南国遗民在,东京昔梦非。

夜乌啼旧树,春燕语新衣。

一醉沧桑里,麻姑有信归。

附录二 钱谦益写给林古度的生日诗

第一句,屈原《离骚》:"帝高阳之苗裔兮,朕皇考曰伯庸。摄提贞于孟陬兮,惟庚寅吾以降"。

孟,始也;陬,正月。林古度的生日在正月里。以屈原比林,都是有亡国之痛的人。

第二句,杜甫《曲江二首》其二:"朝回日日典春衣,每日江头尽醉归。酒债寻常行处有,人生七十古来稀"。"安史之乱"虽已结束,但杜甫生活并不愉快。

以屈原、杜甫比拟林古度,是钱谦益所能想得到、说得出的最高规格的表扬了,因为他平时很少夸人的。这一年是1649年,钱因谋反案牵连,羁绊在南京,更加需要朋友的友谊。

第四句,《东京梦华录》,宋代孟元老著于宋钦宗靖康二年(1127),是追述北宋都城城市风俗人情的著作,包含对往昔的无限眷念,对现实的无限伤感。

第五句,曹操《短歌行》:"月明星稀,乌鹊南飞。绕树三匝,何枝可依"。

重点在"何枝可依"上。即是:无枝可依。

第六句,可以用老钱自己当年正月初一的诗来解释。《己丑元日,试笔二首》,其二:"为问乌衣新燕子,衔泥何日到寒庐"。新燕子,清廷的新贵。

第七句,还是要用老钱自己的诗来解释。上一年,1648年,钱曾有《次韵答皖城盛集陶见赠二首,盛与林茂之邻居,皆有目疾,故次首戏之》,其一:"文章已入沧桑录,诗卷宁留天地间"。

吴莱《桑海遗录》序:龚开,字圣予,所作文宋瑞、陆秀夫二传,类司马迁、班固所为,陈寿以下不及也。予故私列二传,以发其端,题曰《桑海遗录》,以待太史氏采择。

第八句,麻姑,道教神话人物。东汉时,应仙人之召,降于蔡经家,年十八九,貌美,自谓"已见东海三次变为桑田"。古时以麻姑喻高寿。

钱谦益这首诗,雍容大度,四平八稳,贵气逼人,体现出万历三十八年探花郎的真面目。

写林的,也就是写自己。

陆放翁说,"遗民泪尽胡尘里,南望王师又一年"。差不多的意思。

写完这首五律,老钱意犹未尽,很快搞了一首长诗:《戏为天公恼林古度歌》。

林古度,你寿太长,天公也恼怒了。

"同是天涯沦落人,刚好可以写作文"(杜骏飞语)。

钱谦益还写了一段"后记",先提到前面来看一下:

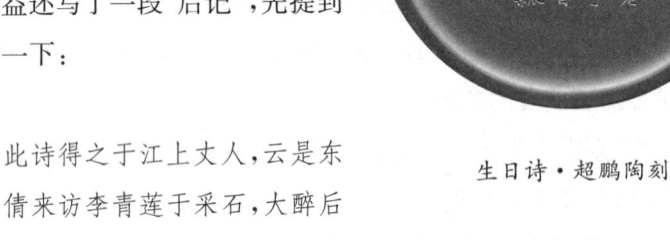

  此诗得之于江上丈人,云是东方曼倩来访李青莲于采石,大醉后放笔而作,青莲激赏而传之也。或云青莲自为之,未知然否。

生日诗·超鹏陶刻

大意是,这首诗是汉代东方朔在安徽采石矶和唐代李白会面的时候,酒醉后写的,也有人说就是李白写的。可见老钱对此作很得意。

原来关公战秦琼的把戏,老钱也熟套。

1649年农历正月里,南京城里居然下了冰雹,罕见。也许是钱的创作想象。

戏为天公恼林古度歌

  己丑春王近寒食,阳和黯黮春无力。
  严霜朔风割肌骨,愁霖累月天容墨。
  撒空飞霰响飘飅,殷雷阗阗电光激。
  须臾冰雹交加下,乱打轩窗攒矢石。
  老人拥被向壁卧,如蚕缩茧鸟塌翼。
  金陵城中有一老生林古度,目眵头晕起太息。
  摩娑箱架翻玩占,跙踌乡邻卜蓍筮。

附录二 钱谦益写给林古度的生日诗

对饭失箸寝失席,如鱼吞钩挂胸臆。
蛙怒鼓腹气彭彭,蚓悲穴窍音唧唧。
吟成五言四十字,字字酸寒句结辖。
一吟啼山魈,再吟泣木客,
三吟四吟天吴罔两纷来下,钟山动摇石城仄。
山神社鬼不敢宁居号兆愬上帝,帝遣六丁下搜获。
天公老眼憪识字,趣呼巫阳召李白。
李白半醉心胆粗,曼声吟诵帝座侧。
天公倾听罢,拍手笑哑哑。
女娲弄黄土,抟作两笨伯。
卢仝下贱臣,扣头诅月蚀。
林生韦布士,雨雹恣诃斥。
天壤之间奡兀产二儒,使我低头掩耳受镌责。
唐尧爲天子,倦勤而禅息。
穆满八骏归,耄期乃登格。
我为天帝元会运世八万六千岁,
安能老而不耄长久精勤勿差忒。
二十八宿纠连炁孛罗计四余气,控诉西历频变易。
四余刊一四气孤,列宿失躔紊营室。
吁呼真宰乞主张,我为一笑付闵默。
由来世界怕劫尘,宁保穹苍免黜陟。
我甘名号改撑犁,女辈纷吺复奚恤。
女勿苦霖雨,不见修罗宫中雨下成戈戟。
女勿苦雪霰,不见尧年牛目雪三尺。
电胡为而作,乃是玉女投壶失笑天眼折。
雷胡为而作,乃是东方小儿作使阿香掉雷车而扇霹雳。
雹胡为而作,乃是娲皇补天之余石,碎为炮车任腾掷。
春秋请高阁,鸿范仍屋壁。

/ 177 /

仲舒繁露诚大愚,刘向五行徒恳恻。

鲰生捉鼻苦吟缚衣带,何用撼铃伐鼓置天驿。

天公支颐倦欲卧,金童玉女擎觞进金液。

此翁沾醉氅氀骑白雀,

遥观金陵城中吟诗之人夜分鼾睡殊燕适。

擂鼓忽坐通明殿,号召玄冥丰隆诸神齐受职。

火速趋赴金陵城,雪霰重飞雹再射。

推敲蓬门穿瓮牖,恼乱吟魂搅诗魄。

是时午夜正昏黑,大家小户眠不得。

眠不得,勿惊吓,

乃是天公弄酒发性故与吟诗老生作戏剧。

此作确实颇具太白遗风。

以李白自许者代有其人。本书中,就有萧秉晋先生(琛山望湖者)、陈文昭先生(过石臼湖者)。

写《一钱引·赠林古度》的吴嘉纪先生,和写《玉乳泉》的秦绍先生,都需要向钱谦益先生好好学习。

诗有别材,非关书也①。这是大多数人的态度。恰恰忘记了后面还有一句:而古人未尝不读书。钱谦益读尽人间未烧书,下笔才有神助。

1659年,林古度80岁了。老钱又作了一首长诗。可见两人之间的感情随着时间、空间的变化而更加深厚。

故人已经不多了,且行且珍惜。

生日诗·超鹏陶刻

---

① 严羽,《沧浪诗话》。

可喜的是,虽然年高,尚能饮酒。

前文林古度的朋友施闰章诗,说林"数杯未尽能高歌",是林在 81 岁时。这里钱诗说林,标题就是"劝酒歌"。

乳山道士劝酒歌(道士,闽人林古度茂之也)

乳山道士年八十,短褐蒙茸鬓萧飒。
早时才笔绿沉管,老去行藏青箬笠。
乱后鏖鏖无欢娱,寱语行歌自啜泣。
不为老景恋桑榆,不为儿孙谋捃拾。
仰天指画只书空,踏地蛉蚓每侧立。
南云北户眼泪枯,细柳新蒲衫袖湿。
唐衢哭世何梦梦,东方骂鬼常喷喷。
是时孟陬揆初度,祝筵酌酒宾朋集。
门生扶老舁蓝舆,山僧好事送米汁。
当头荷鼓占角芒,挂壁龙泉看锈涩。
劝君开口尽一觞,听我长歌解于悒。
君不见修罗酿海作酒浆,规取日月为耳珰。
手撼须弥尾掉海,擎云把日孰敢当?
刀轮飞空海水赤,五丝繋缚善法堂。
藕丝孔中遁刺促,八臂千手嗤强梁。
又不见太行王屋高万仞,愚公面山苦其峻。
子子孙孙誓削平,帝遣夸蛾助除粪。
穆满南征从此归,翟道径绝骋八骏。
灵胡僞掌如等闲,河曲智叟空目瞚。
人生变化良纬繣,蛤水蜣丸量寸尺。
夸父策杖追日轮,竖亥徒步算八极。
鲁连细儿黄鹄子,爪觜雄夸帝秦客。
咸阳喑哑避赤符,天帝觊觎寝金策。

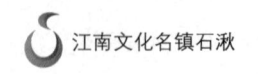

我昨南游浮洞庭,具区粘天社橘青。
泾水瞥见征旗闪,朝那复报战血腥。
灵虚凝碧张广乐,珠宫贝阙刊新铭。
钱唐破阵乐舞阕,两耳轰轰喧震霆。
龙宫宴罢天欲白,回车却过蔡经宅。
天厨行酒正初筵,金盘麟脯取次擘。
麻姑鸟爪向余笑,人世茫茫抵博易。
漫道东瀛已三变,又见蓬池浅于昔。
劝君酒,聊从容,听我长歌曲未终。
长绳何当系白日,滤囊那可盛春风?
谁驾青牛逢富媪? 谁骑白雀欺刘翁?
苍鹅崇朝起池水,杜宇半夜啼居庸。
铜人休嗟冶新铸,铜驼会洗尘再蒙。
主称未晞客既醉,蕙叶多碧桃花红。
鸡窠叟,鹤髪翁,且办一醉莫悾公。
申腰坦腹春睡足,九阳旭日高禺中。

1927年,海宁王国维自沉昆明湖。陈寅恪作《王观堂先生挽词并序》。陈寅恪的诗(挽词)中,依稀可以看到一点《乳山道士劝酒歌》的影子。

1661年(辛丑),钱谦益80岁生日。好友丁继之赶到常熟祝寿。林古度没有去。丁继之临行,钱谦益作诗一首相赠,同时寄给林古度。

丁老行。送丁继之还金陵。兼简林古度

西风飒拉催繁霜,江枫落红岸草黄。
丁老裹粮自白下,贺我八十来江乡。
干戈满地舟舰断,五百里如关塞长。
阊间城上昼吹角,闵宫清庙围棋枪。
腥风愁云暗天地,飞雁不敢过回塘。

附录二 钱谦益写给林古度的生日诗

况闻戍守连下邑,坿鸡篱犬皆惊惶。
江村别有小国土,嘉宾芳宴乐未央。
撞钟伐鼓将进酒,停杯三叹非所当。
汉东孙子今为庶,罗平妖鸟纷披猖。
碧天化日在何许?三千那得花满堂。
丁老执杯劝我饮,请开笑口毋彷徨。
我家添丁号长耳,三岁只解呼爷娘。
公今儿女并玉立,开筳逐日分辈行。
已看令孙就东阁,更有快婿升东床。
维摩天女并潇洒,木公金母相扶将。
彭城老祖年八百,曾孙八十真儿郎。
赵州明年始行脚,太公满百方鹰扬。
庭前红豆旋结实,蟠桃一颗公初尝。
且垂双眉覆尘蹉,共撑老眼看沧浪。
我闻拊髀起称善,大笑敬举君之觞。
酒酣摩腹订要约,百岁未满须放狂。
古人置酒便称寿,何待燕喜吹笙簧。
老夫顽钝未得死,南郊正报垂星芒。
明年清秋再过我,扠衣拍手谈沧桑。
乳山道士八十二,头童眼眵学力强。
桐城方生年五十,诗兼数子格老苍。
二公过从约已宿,间阻正苦无舟航。
归携此诗共抵掌,相顾便欲凌莽苍。
君如再鼓京江柁,方舟定载林与方。

桐城方生,方文,字尔止,1612—1669,林、钱、丁共同的诗友。
1664 年,钱谦益辞世。
林古度比钱谦益早生两年,晚走两年。

又老又穷又盲的诗人,只有回到石㳂乳山的"茧窝",才是最好的结局。

把林古度在编辑(顺治)《溧水县志》时,踏着周邦彦的足迹,游无想山、无想寺的一首诗,留作文尾,比较合适。

"天许老人犹济胜,穷探还有后来期",积极、乐观、"正能量","转益多师是吾师""风流儒雅亦吾师"。

游无想寺

山名无想寺因之,寺抱山中境实奇。
侧足深秋欣竟日,游心上古问何时。
百围文杏骈诸干,万叠寒泉落一池。
天许老人犹济胜,穷探还有后来期。

聘请林古度编撰《溧水县志》(顺治)的闵派鲁,也有一首《无想寺》;为林古度处理身后事的周亮工,有一首《入无想寺》;陪同周亮工游无想寺的僧人释祖琳,有一首《偕周栎园侍郎游无想寺》,因为和石㳂的关系稍远,这里仅记录一下诗名,详情可以参阅《溧水县志》(光绪)。

鱼戏·小庆

附录三　思鹤之乡

根据《溧水县志》《石湫镇志》等的记载，至少到 1947 年，"思鹤乡"这个名字，还是存在着、使用着的。

"思鹤乡"的地域范围，略小于现在的石湫街道地域范围。

思鹤，这个美妙名字的由来，是和三国时代、吴国的开国者孙权的祖父——孙锺有关。

相传孙锺在现在的南京溧水区、石湫街道、上方村行政村、葫芦坝自然村，种瓜为生。遇到神仙化身"三少年"，点化"阴宅"，最后神仙化鹤而去。

孙锺照办。最后的葬身之所大概是传说中的龙穴，从而助力了吴国的霸业。

葫芦坝村口

三国孙吴,享国接近60年。到公元280年失国,三国归晋。

按照常理推测,"思鹤"这个地名的最初使用,在公元229—280年之间,孙吴时代,是最合情合理的了。

推测如果成立,那么石湫街道(即思鹤乡),至少已经有1700多年的历史了。

三国归晋以后,我们中国又经历了两次较大规模的分裂、统一(两晋南北朝后的隋唐、五代十国后的北宋)以后,来到了北宋初年(960年)。

时间又过去了700多年。

北宋的基本国策是"重文抑武"。

占有北宋初期文坛主导地位40年的一个诗歌流派是"西昆体"。

17位宋初馆阁文臣互相唱和、点缀升平。他们追求李商隐式的雕彩巧丽和唐彦谦式的韵律铿锵。前三把交椅是杨亿、刘筠、钱惟演。

"西昆体"的历史地位褒贬不一。

客观地说,"西昆体"作为宋初出现的诗歌流派或曰诗歌思潮,诗中大量用典,以学问为诗,对宋代后起的诗人有深刻的影响,是宋诗形成自身特色的第一步。

其中,和石湫有关系的,就是第三把手——钱惟演(977—1034)。

北宋建立后,继续扫灭了残存的割据政权南唐、吴越等,实现了全国的基本统一。

钱惟演,即是末代吴越国国王钱弘俶的儿子,随父归宋。

钱惟演博学能文,颇有建树。喜欢招徕文士,奖掖后进。晚年对欧阳修、梅尧臣等人有提携之功。

一次钱惟演回老家杭州省亲,路过南京。

因南京是南唐国的首都,战时破坏比较严重,恢复不够及时。所以听从朋友建议,去溧水上方寺一游。

还没有到上方村,远远就见大片的树林,郁郁葱葱。

钱惟演激动地说:"此乃上方寺鹤林也。元微之有诗,鹤林萦古道。此之谓也"。

鹤林,佛寺旁边树林的美称。

上方寺的香火,果然比别处要盛。

一棵银杏树,听说是孙权母亲手植,已经有七、八百年光景了。

"孙锺井"附近,有数间茅屋、几杆琅玕之竹,颇有幽趣。

一问,说是一个读书人借住。

钱惟演作为高级知识分子、京官,当然对读书人感兴趣。

自报家门,允入后,只见土墙上有两个字:鹤归。

两边还有当时刚出现不久的一种新鲜玩意(后来叫作对联的):

望江南、忆江南,人生长恨

江东鹤、辽东鹤,无非鹤归

钱惟演心想,此人必是有些来历的。

那人听报钱惟演之名,也已经主动低低耳语道:吾乃莲峰居士后人,徐乃疾。

钱惟演恍然大悟:原来都是旧王孙,都是天涯沦落人。

莲峰居士者,南唐后主李煜是也。

南唐开国之主李昪,原姓李;父亲在战乱中失踪后,随养父徐温改名徐知诰。所以姓徐姓李,都是一家。

中主李璟,好对外用兵,也好读书,多才艺。常与宠臣韩熙载、冯延巳等饮宴赋诗。韩熙载读书台,在溧水南郊无想山中。

后主李煜,更是"千古词帝"。他派宫廷画师顾闳中,取证韩熙载奢靡生活的"韩熙载夜宴图",是传诵至今的名画作。

韩熙载后来还为中主李璟设计了陵墓。

"南唐二陵"(先主李昪、中主李璟)1950年出土于南京南郊祖堂山南麓,和溧水距离不远。

(主持发掘的,是当时的南京博物院院长、曾国藩的侄曾孙女曾昭燏。)

钱惟演于是说,耆老相传,后蜀末代国主孟昶,首创春联。

曰:新年纳余庆,嘉节号长春。

不想徐兄也是此中人。于是说道，孟昶何足道哉！

我家中主，早就有"西风愁起绿波间。小楼吹彻玉笙寒"之句；

我家后主，更有"春花秋月何时了。雕栏玉砌应犹在"之句。

便是你家曾祖，吴越国的开国之主，那位著名的"爱妻号"，不是也有"陌上花开，可缓缓归矣"之佳句吗？

钱惟演大喜，徐兄高论！

此地名为思鹤之乡，听闻三少年化鹤而去。

不知三少年所化之鹤，是黄鹤，抑或是白鹤？

徐乃疾乃道：

鹤鸣于九皋，声闻于野。

鹤鸣在阴，其子和之。清响会闻天。

昔人已乘黄鹤去，好见上清骑白鹤。

君子非黄白不御，妇人则有青碧。

演公难道也是喜好"黄白"之术之人乎？

（黄白术，古代方士炼丹化成金、银的方法。）

钱惟演一时语塞。沉吟片刻，说道，黄鹤楼上吹玉笛，玉人吹箫迎白鹤。

杜子美有言，绣衣黄白郎，骑向交河道；

归舟·小庆

白乐天亦云,入山烧黄白,一旦化为灰;

500年后,将有汤显祖者赋诗,欲识金银气,多从黄白游。

我非黄白道中人,怕被北山猿鹤笑。

徐乃疾笑曰,汤生显祖所谓黄白者,乃是黄山、白岳也,非关金银。

钱惟演更加尴尬,故意岔开话题,请教道,适才见兄之对联,辽东鹤倒颇也识得。

《搜神后记》记载,辽东人丁令威,学道于灵虚山。千年后得道,化鹤归家,驻足在城门华表柱上。有少年引弓欲射,鹤乃飞。

比喻世事变迁。

这江东鹤,莫非就是南朝梁人殷芸《小说》所载之"扬州鹤"?

说的是有几个朋友,各言所志:有愿为扬州刺史,有愿多资财,有愿骑鹤成仙。

第四个说,愿"腰缠十万贯,骑鹤下扬州",三者欲兼而得之。

故"扬州鹤"者,可表十全十美之意,亦可表贪心不足之意。

徐乃疾大笑:世间哪有扬州鹤。腰金骑鹤非所望。

岂不闻江东机云兄弟乎?

云间陆机、陆云,少年时共游于华亭十余年(云间,上海松江)。

后入洛阳,"陆才如海"。"二陆入洛,三张减价"(张载、张协、张亢)。

正如昭明太子萧统所言,盖踵其事而增其华,变其本而加其厉,物既有之,文亦宜然。

然不幸陆机参预政事,终被谗杀。临刑叹曰,欲闻华亭鹤唳,可复得乎?

故:

辽东鹤,即是华表鹤,辽东丁令威也,华表一鹤千年归;

江东鹤,即是华亭鹤,云间陆士衡也,夜来尤为唳华亭。

钱惟演不觉汗下。

正在此时,上方寺灵虚上人闻听枢密使钱惟演到访,忙来相邀。正好解围。

上人乃道,官家有所不知,这乃疾小友,平素最崇拜官家诗章。他这几间草庐,名字就叫作"对竹思鹤庐"。对竹思鹤,便是出自官家。他常言道,须是第一流人物,方能吟出这第一流诗章。今日因缘际会,岂有不当面讨教之理?

徐乃疾微一脸红,道,诗家但爱西昆好,独恨无人作郑笺。

在下既在思鹤之乡,常怀乘鹤之想,鹤望尊驾;

然而孤云野鹤,自然难比乘轩之鹤;

不意今日天遂人愿。愿讨教再三。

演公有诗云:

立候东溟邀鹤驾,穷兵西极待龙媒。

写汉武帝求仙问道、穷兵黩武。海为龙世界,云是鹤家乡。

鹤驾者,仙人之驾。

演公又有诗云:

夜半商陵闻别鹤,酒阑安石对哀筝。

商陵牧子,娶妻五年而无子,父兄为之改娶;牧子悲,乃作《别鹤操》。

谢安忠而见疑,闻筝堕泪。

此诗既名为《泪》,何枢密使措辞、用典神乎其妙一至如此矣。

钱惟演倒有点不好意思了。

说,无他,无他。此是早年与杨亿、刘筠诸公业余酬唱,无病呻吟、雕虫小技。徐兄既然欢喜《对竹思鹤》,不妨多说几句。

前几年我在河南为官,自视清高,写了这首诗《对竹思鹤》。我自比"仙骥"。今天见了老兄你,自愧不如。

如果不嫌弃,我就把这首诗写给你,留个纪念,差不多也符合"思鹤"这个地方。

君能"箫致白鹤"以待,我也当"白鹤衔珠"以报。

对竹思鹤

钱惟演

瘦玉萧萧伊水头,风宜清夜露宜秋。

更教仙骥旁边立,尽是人间第一流。

后来,徐无疾将此幅钱惟演手迹赠予灵虚上人收藏。

因为种种原因,这件事情极少人知。

钱氏后人传说,此事得之于江上丈人,说是东方曼倩来访李青莲于采石矶,大醉后放言,青莲激赏而传之也。或云青莲自为之,未知然否。

到宋高宗赵构南渡以后,才慢慢少了禁忌。南宋末年,文天祥被元军拘押,路过南京。

元代大学者虞集("杏花春雨江南"作者),有感于此,题了一首《挽文丞相》:

徒把金戈挽落晖,南冠无奈北风吹。
子房本为韩仇出,诸葛宁知汉祚移。
云暗鼎湖龙去远,月明华表鹤归迟。
不须更上新亭望,大不如前洒泪时。

思鹤之乡田园之歌

这两首诗的真迹,一直保存在上方寺的藏经楼里。

僧舍等屡有兴毁,佛经和字画等都是妥善保管的。

1937年全面抗战爆发之前,还有人见过。

在当时的中央大学求学的萧山卢荫长先生和青浦林一冲先生,随学校南迁之时途径溧水,夜宿石湫。无菜佐酒,口述了一首联句,也颇有趣,一并记录在此。

石湫联句

说什么生子当如孙仲谋,难挡他王濬楼船下益州。
虽说是坐断东南战未休,怎奈他运去英雄不自由。
就算是金陵王气黯然收,终究是江南佳丽帝王州。
到而今为赋新词强说愁,无非是山形依旧枕寒流。
但只见淮水东边旧时月,依旧是一夜无梦到石湫。

本文附录:

主持"南唐二陵"发掘的曾昭燏院长,1964年12月在南京灵谷寺跳灵谷塔自杀。

次年2月,她的表兄,远在广州的陈寅恪先生始闻此事,追挽一律。此事与本文无涉,但究可哀伤,故附录在此。

论交三世旧通家,初见长安岁月赊。
何待济尼知道韫,未闻徐女配秦嘉。
高才短命人谁惜,白璧青蝇事可嗟。
灵谷烦冤应夜哭,天阴雨湿隔天涯。

本诗稿后有附言,"请转交向觉民先生一览,聊表哀思。"本诗另有一稿:

论交三世旧通家,初见长安岁月赊。

何待济尼知道韫，未闻徐女配秦嘉。

多才短命人咸惜，一念轻生事可嗟。

灵谷年年薰宝级，更应流恨到天涯。

向觉民先生，即著名历史学家向达。

附录四　溧水，梦开始的地方
——白居易漫谈

白居易是溧水县籍的考生。

根据《白居易年谱》的记载，简单描述一下他的"学而优则仕"的轨迹：

唐德宗贞元十五年（公元799年），28岁。

秋，在宣州应乡试。为宣歙观察使崔衍所贡（推举），往长安应进士试。

贞元十六年（公元800年），29岁。

以第四名及进士第。"慈恩塔下题名处，十七人中最少年"。

科举考试制度下，考生总要先明确一个"学籍"。白居易23岁时，父亲去世。白父多年、多地为官，白居易也跟着居无定所，户口没有合适的地方挂靠。

幸好，白居易的叔叔白季康，在宣州溧水县担任县令，就把侄子的学籍问题顺便解决了。白居易进士及第，是以宣州溧水县考生的身份取得的。

当时，溧水的隶属关系是江南西道、宣州（宣城郡）、溧水县。这也是李白把石臼湖一并归入姑孰（当涂）的原因。

跟和白居易差不多同一个级别、年龄段的人物，如韩愈、柳宗元、刘禹锡相比，白居易考中进士算迟的。但在当时，算早的。唐朝人最重视"进士科"，50岁能够考取，还算年轻的，可以想见难度很大。白居易那一届，千余人只录取了17个，29岁的白居易是最年轻的，所以他后来得意地题诗回忆"慈恩塔下题名处，十七人中最少年"。（唐人谚语：五十少进士，三十老明经。）

考取进士不等于马上授予职位。韩愈就等了十来年。所以，白居易又参加了新的考试，叫作"制科考试"。

贞元十八年（公元802年），31岁。

冬,在吏部侍郎郑珣瑜主试下,试"书判拔萃科"。

贞元十九年(公元 803 年),32 岁。

春,与元稹等以"书判拔萃科"登第。与元稹同授"秘书省校书郎"。

白居易同学没有停下学习和考试的脚步。

唐宪宗元和元年(公元 806 年),35 岁。

罢校书郎。四月,应"才识兼茂明于体用科",与元稹等同登第。

白居易授"周至县尉"。十二月,与陈鸿、王质夫同游仙游寺,作《长恨歌》。

元稹考了第一名,授"左拾遗"。

两个好朋友,一个在地方,一个在中央。

元和二年(公元 807 年),36 岁。

十一月,入翰林院,为翰林学士。

白居易辉煌人生,从此"开挂";水源木本,都和科考有关。

"进士科"

"书判拔萃科"

"才识兼茂明于体用科"

所以说,溧水,是大唐诗王白居易梦开始的地方。

合欢对壶

后来他虽然也有贬官外放的经历,那只能算"挫折教育",更加磨砺了性情,丰富了经历,并逐渐形成了"知足常乐""中隐"的人生态度,并深刻影响了后代的苏东坡。

在灿若星河的唐代诗人阵营里,白居易同学稳坐三甲,别无他想,天生好梦!

我们从小接受的观念,唐朝大诗人里,如果只能选一个人,标准的答案是"诗仙"李白;选两个人,标准的答案是"诗仙"李白加"诗圣"杜甫;如果选三个人,标准的答案是"诗仙"李白加"诗圣"杜甫加"诗王"白居易。

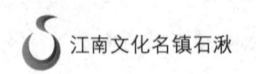

同样是唐朝的韩愈(比白居易年长四岁),说,李杜文章在,光焰万丈长。能够排到第三,白居易的地位毋庸置疑。

公元846年,白居易去世。当时的唐宣宗李忱,作为大唐帝国的皇帝,兼白居易的粉丝,作诗一首:

吊白居易

缀玉联珠六十年,谁教冥路作诗仙。

浮云不系名居易,造化无为字乐天。

童子解吟长恨曲,胡儿能唱琵琶篇。

文章已满行人耳,一度思卿一怆然。

这里皇帝把白居易定性为"诗仙"。但是,我们中国人对于授予什么人、什么荣誉称号,是很讲究的。皇帝的"谥号"、大臣的"谥号",不是想给就给的。需要时间的检验。至于民间的,虽然丰富多彩,却也得之不易。比如现在,要得到一个"中国工艺美术大师"的称号,也是不容易的。

这首诗,有人说不是皇帝写的,是后人伪托的。就算是伪托的,对白居易的不朽神作《长恨歌》《琵琶行》,也是高度肯定的。

白居易对自己的《长恨歌》也是满意的。

回到公元815年,唐宪宗元和十年,白居易被贬江州(今江西九江)。虽仕途遭挫,但多年来创作的诗文足以使自己有成就感。于是,他将诗编成十五卷,集成后题了一首诗,并且顺便调侃了好朋友("曾经沧海难为水、除却巫山不是云")的元稹、("谁知盘中餐、粒粒皆辛苦")的李绅:

编集拙诗,成一十五卷,因题卷末,戏赠元九、李二十

一篇长恨有风情,十首秦吟近正声。

每被老元偷格律,苦教短李伏歌行。

世间富贵应无分,身后文章合有名。

莫怪气粗言语大,新排十五卷诗成。

这一年,《琵琶行》还没有诞生。据《琵琶行》的序言记载:"元和十年(815年),余左迁九江郡司马。明年秋,送客湓浦口,闻舟中夜弹琵琶者"。

如果两年后(817年)再编诗集,老白的题诗可能是这样的:

  一篇长恨有风情,十首秦吟近正声。
  每被老元偷格律,苦教短李伏歌行。
  世间富贵应无分,身后文章合有名。
  莫怪气粗言语大,十五卷又琵琶成。

自从隋文帝杨坚开创科举制度、隋炀帝杨广定型,到唐太宗、唐高宗(包括则天女皇帝)、唐玄宗发扬光大,以及汉魏六朝到初唐对汉字音韵、格律规律探索的成熟,唐诗的繁荣就像井喷一样。

如果以现代人"幸福指数"综合测评的"庸俗"眼光看唐代诗人,那么排名第一的无疑是白居易。后代崇拜白居易、苏东坡的代有其人,书斋号称"白苏"的也不少。

明代溧水人端木孝思肯定也是白居易、苏东坡的粉丝,他在《溧水秋咏》里说,"莫向钱塘夸往事,白苏未许擅风流"。

明代还有一个著名的诗文流派,叫作"公安三袁",其中的老大,就把白居易推选为"世间第一有福人",有七点理由:

才高名盛,国外皆知;

离职苏杭后,家有余财,还有太湖石、华亭鹤;

洛阳有园林别墅;

有樊素、小蛮;

官至二品;

诗友诗敌,先有元稹,后有刘禹锡;

寿至七十五。

(袁老大的书房就叫《白苏斋》。)

惜福·黄征

/ 195 /

当时中国的政治中心还在长安、洛阳，经济、文化已经开始向东南倾斜。"生在苏杭、归葬北邙"，白居易曾任杭州、苏州最高行政长官。

白居易的后世粉丝苏东坡，拼了命也没有赶上（杭州工作过两次，苏州没有。问汝平生功业，黄州惠州儋州）。

从文艺女青年的角度，元稹的"幸福指数"是第一位的。

因为他除了诗文写得好、官足够大（一品，宰相），还有一点，就像赵萝蕤选择陈梦家的标准之一：人长得漂亮啊（性温茂、美丰容）。

到白居易48岁时，朝廷里的情况有所好转，有人能说得上话了，所以，处分期满，从江州司马启用为四川忠州刺史，升了一级。52岁，杭州刺史。54岁，苏州刺史。（后略。）

白居易在忠州，在东坡筑庐，自己种荔枝吃。严重地影响了后来北宋黄州的苏轼，东坡居士由此诞生，东坡又影响了中国文化一千年。苏东坡的业绩里，应该分一部分给白东坡。

强调一下，北宋苏轼，在中国历史上也是神一样的存在，可谓"诗神"。毫无疑问，"诗神"也有偶像，就是"诗王"。除了"东坡居士"的号，再举两个例子：

东坡自述：出处依稀似乐天，敢将衰朽较前贤。

白诗：来如春梦几多时，去似朝云无觅处。

苏诗：人似秋鸿来有信，事如春梦了无痕。

（苏有一妾，名叫朝云，很可疑名字来自白诗，当然也可以直接来自宋玉。）

白诗：我生本无乡，心安是归处。

苏词：试问岭南应不好。却道，此心安处是吾乡。

苏东坡神人，借鉴古人又超越古人的地方很多，不足为奇。顺带拈出，一笑。

再说溧水县令白季康，自己虽然只是县令，但有个儿子，白敏中，后来大有出息，做到宰相，官居一品，超过了堂兄白居易。

白敏中这个宰相，本来是白居易的。皇帝已经提名白居易了，但被另一个宰相李德裕给搅黄了。那个时候"牛李党争"厉害，白居易不属于哪一派，但是人家给你划线你也没办法。好在皇帝到底面子大,既然白居易年纪大了,就启用了据说才能也可以的堂弟白敏中。否则白居易这个有福之人的履历更加辉煌了。

(唐朝"三省六部制",中书、门下、尚书三个省的负责人,唐人认为都是宰相。)

为了表示对白敏中宰相的应有的尊重,溧水人民把终老在溧水县令岗位上的白季康想象成了溧水城隍庙的神主。

白季康在溧水享受到的香火,到清朝都很盛。在唐朝时大概是沾了儿子的光,宋元明清以来,可能侄子的影响力更大一点。

在(顺治)《溧水县志》中,除了有白居易撰写的白季康的墓志铭以外,以后各朝各代,都有重修有关白季康的纪念性建筑的记录,城隍庙(白府君庙)、徽恩阁(城隍庙的二重门)、怀白亭等。

溧水给了白居易一个机会,白居易一家还给溧水一个惊喜、一笔无尽的财富。

再说当时这白敏中有个助手,叫作顾东亭,苏州吴县洞庭东山人。为了表示隆重,在江南公干的时候,亲自到溧水县城检查工作。返程途中,夜宿思鹤乡上方寺中客房。

这顾东亭也是一个雅好文墨的人。再说了,大唐人人都是诗人。他不住官家驿站,特意借宿僧房,就是为了古意和诗意。他已有退休归隐的想法,但一直说不出口。那天突发灵感,就翻出《白居易诗集》,用白居易的诗句,集成一首诗,表示归去之意。

感事呈白相公

相望相思明月天,优劣宁相远媸妍。
风生竹夜窗间卧,鹤与琴书共一船。
性疏岂合承恩久,流世光阴半百年。
但作悲吟和嚌唲,忘形迢迢李与元。

顾东亭有没有打动白敏中，成功归隐，没有看到确切的记载。此诗也不见文集记载。但两百多年后，苏东坡在阳羡（今宜兴，当时属溧阳）的朋友家中，亲见此诗。

再后来，坡仙作《二月三日点灯会客》，用的就是顾东亭集白居易诗的韵。

江上东风浪接天，苦寒无赖破春妍。
试开云梦羔儿酒，快泻钱塘药玉船。
蚕市光阴非故国，马行灯火记当年。
冷烟湿雪梅花在，留得新春作上元。

又过了900多年，有一位陈寅恪先生，连续十几年的时间，在每年的元宵节，用坡仙《二月三日点灯会客》的韵，赋诗一首。草蛇灰线，一梦千年，壮哉。

万里烽烟惨淡天，照人明月为谁妍。
观兵已抉城门目，求药空回海国船。
阶上鱼龙迷戏舞，词中梅柳泣华年。
旧京节物承平梦，未忍匆匆过上元。

　　　　　　　　　　　　　　1947 北平

火树银花映碧天，可怜只博片时妍。
群儿正赌长安社，举国如乘下濑船。
坡老诗篇怀旧俗，杜陵鼙鼓厌衰年。
新春不在人间世，梦觅残梅作上元。

　　　　　　　　　　　　　　1948 北平

过岭南来便隔天，一冬无雪有花妍。

山河已入宜春槛,身世真同失水船。
明月满床思旧节,惊雷破柱报新年。
鱼龙寂寞江城暗,知否姮娥换纪元。

1950 广州

岭表春回欲雨天,新蒲细柳又争妍。
淅矛炊剑朝朝饭,泛宅浮家处处船。
几换鱼龙余此夕,浑忘节物是何年。
风鬟雾鬓销魂语,剩与流人纪上元。

1951 广州

海月昏黄雾隔天,人间何处照春妍。
绕身眷属三间屋,惊梦风波万里船。
久厌鱼龙喧永夜,待看桃杏破新年。
先生过岭诗为历,此是南来四上元。

1953 广州

暝入非常色相天,难分黑白辨媸妍。
人情未许忘灯节,世事唯余照酒船。
戏海鱼龙千万里,知春梅柳六三年。
江河点缀承平意,对淡巴菰作上元。

1962 广州

不用杨枝伴乐天,幸余梅影晚犹妍。
文章岂入龚开录,身世翻同范蠡船。
南国有情花处处,东风无恙月年年。
名山金匮非吾事,留得诗篇自纪元。

1962 广州

(元夕后七日,二客过谈,因有所感,遂再次东坡前韵)
(二客,是陶铸、胡乔木)
灯节寒风欲雨天,凌波憔悴尚余妍。
山河来去移春槛,身世存亡下濑船。
自信此身无几日,未知今夕是何年。
罗浮梦破东坡老,那有梅花作上元。

            1963 广州

冻雨寒风乍息天,瓶花病室媚幽妍。
犹存先祖玄貂腊,不倒今宵绿蚁船。
凤翼韶光春冉冉,羊城灯节夜年年。
仙云久堕罗浮阻,作恶情怀过上元。

            1964 广州

断续东风冷暖天,花枝憔悴减春妍。
月明乌鹊难栖树,潮起鱼龙欲撼船。
直觉此身临末日,已忘今夕是何年。
姮娥不共人间老,碧海青天自纪元。

            1965 广州

屈指今宵又上元,倒排苏韵记流年。
拨开云雾辉金镜,散遣幽忧照酒船。
插柳闺门除旧俗,赏花园会斗新妍。
鱼龙灯火喧腾夜,一榻萧然别有天。

            1965 广州

(倒次东坡韵)

倦暖娇寒欲雨天,折枝憔悴尚余妍。
犀渠鹤膝人间世,春水桃花梦里船。
曼衍鱼龙喧海国,迷离灯火忆童年。
英灵苏白应同笑,格律频偷似老元。

1966 广州

唐筼(陈夫人)两首

明月微云岭外天,残梅疏影更增妍。
园林久费多春草,江岸奔湍一叶船。
尽日见闻皆异事,几家亲故乐新年。
鱼龙灯戏遥难望,鼓笛声传报上元。

1951 广州

窗小难望树外天,春迟园内少花妍。
频传圣道除民害,欲访仙山无一船。
关外征人同此月,岭南羁客梦他年。
鱼龙佳节何堪问,病榻吟诗记上元。

1952 广州

陈公寅恪撰有《元白诗笺证稿》,读这组诗,可知他对白诗感情的源远流长(进一别解)。

笔者在 2006 年时,曾效顾东亭,集陈诗句次韵一首致敬:

依旧风光海接天,可怜明月为谁妍。
史书既欲尽烧灰,波涛重泛海东船。
天涯不是无归意,羊城犹自梦尧年。

一生负气成今日,碧海青天自纪元。

刘禹锡有诗赠白居易:《酬乐天扬州初逢,席上见赠》。

笔者百尺竿头,更进一步,代白居易回赠刘禹锡一首,仍用刘诗原意,韵用东亭、东坡:

弃置生涯八千天,巴山楚水斗媸妍。
万木争春垂病树,千帆竞过已沉船。
怀旧空吟闻笛赋,到乡翻似烂柯年。
今日听君歌一曲,勇士不忘丧其元。

2019年秋,维石科创中心王牧兄,邀请笔者观览科创中心、葫芦坝村上方寺遗址、孙锺井、国太银杏树等,笔者因此再赠诗一首,再次前韵:

葫芦坝水映碧天,绕水黄花赛春妍。
新开老谢陈酿酒,放倒小农未泊船。
吴井所藏非此井,人何以堪树年年。
有生真如南山寿,维石岩岩二次元。

后记一　再续石湫状元情缘

2019年12月,应同学王牧的邀请,南京大学教授杜骏飞先生到访石湫科创中心,夜宿李在凤村粮仓都舍。

为石湫状元情缘,再添一段佳话。

杜先生是20世纪80年代的高考文科状元。

1995年,笔者有幸和杜先生合作过一篇《金融新军传》(文白夹杂体的报告文学,描写当时的南京市农行城北支行,刊登在当年的《南京市场报》上)。

撰写的过程中,受益良多。

《金融新军传》的内容,今天看来有点好笑。

但是其中七个章节的标题,都是杜先生拟定,今天读来还是雍容华贵。

所以不避烦琐,摘录如下(《孙子兵法》部分由本人选辑)。

1.

　　春风三度,孰为乾坤者计

　　新秀一枝,敢标天下之先

　　(孙子曰:未战而庙算者胜,得算多也;未战而庙算不胜者,得算少也。多算胜,少算不胜。)

2.

　　君不闻庖丁解牛事乎

　　我亦是程门立雪人也

（孙子曰：凡先处战地而待敌者佚，后处战地而趋战者劳。故善战者，致人而不致于人。）

3.

凤回有时，惟择枝而高下
桂炊无价，然见善如不及
（孙子曰：故善战者，求之于势。若决积水于千仞之溪者，形也。）

4.

且待我闳中廓以肆外
方知其乘风云而上天
（孙子曰：微乎微乎，至于无形；神乎神乎，至于无声。势如扩弩，节如发机。）

5.

飞腾何自，鸣雷岂让瓦釜
卧治且从，鼓瑟但同笙磬
（孙子曰：凡治众如治寡，分数是也；斗众如斗寡，形名是也。）

6.

思金声玉振能集成否
试目送手挥俯仰得之
（孙子曰：纷纷纭纭，斗乱而不可乱也；混混沌沌，形圆而不可败也。）

7.

时移俗易,俾火传于薪继
水到渠成,故锋发而韵流
(孙子曰:故知兵者,动而不迷,举而不穷。故曰:知彼知己,胜乃不殆;知天知地,胜乃可全。)

笔者与杜先生也已多年不见,石湫再晤,甚欢。
因集元好问诗句,赠诗一首:

杜兄过访石湫有赠

酒樏诗囊浩荡春,不道儒冠已误身。
山头杜甫长年瘦,元是中朝第一人。
秋鸿社燕飘零梦,颍水崧山去住心。
星斗龙门姓字新,岂知书剑老风尘。

杜先生回赠《晨起述怀,和高风奉韵》

落木凉风未遣春,阑干立尽顾此身。
横山鬓乱琛山瘦,骡骍行迟白发新。
绿酒三杯轻帐幕,青灯一握绝烟尘。
梅花写尽归兰棹,醉里阳关问故人。

笔者根据杜先生诗韵的顺序,再赠一首。有序。

次韵杜兄《晨起述怀和韵》

古思鹤乡之李在凤村,有旧粮仓翻建为民宿;其地在胭脂河西、横山东、小茅山北;小茅山有玉矿,古名琛山。数日前与杜兄同在,饮"横望山"米酒。杜兄诗有"凉风起天末、君子意如何"之意;答以杜甫诗"白也诗无敌、飘然思不群"。

  琛山玉瘦梦里春,横山鬓乱醒后身。
  对竹思鹤真绝响,凤在凰归旧从新。
  胭脂水染淡荡酒,书剑气不老风尘。
  凉风深怀白也篇,仿佛开天洛阳人。

又数日,适逢2020年元旦。

杜先生改前诗为《新年述怀,行游溧水和高风兄奉韵》,并载《杜课》924期(微信公众号)。有注。

  落木临空望远春,斜阳立尽坐清晨。
  横山鬓乱琛山瘦,骒骅行迟白发新。
  绿酒三杯轻帐幕,青灯一握绝烟尘。
  梅花落雨归兰棹,曲水停云对故人。

杜注:

溧水:位于南京南。溧水历史上最早置县于隋开皇十一年(公元591年),唐代诗人白季康、宋代词人周邦彦、清代文学家袁枚曾任溧水知县,韩国儒学宗祖崔致远曾任溧水县尉,谢灵运、李白、颜真卿、杨万里等历代文人曾游历溧水并吟留诗篇。有南朝四百八十寺之一的无想寺、无想山摩崖石刻、天生桥、胭脂河、长乐桥等古迹。

横山、琛山:位于溧水境内的小山。

骒骅:古代骏马名,也作骒耳。传说穆王八骏为:赤骥,盗骊,白义,逾轮,山子,渠黄,华骝,骒骅。骒骅为青黄色马。

绿酒:新酿的酒还未滤清时,酒面浮起酒渣,色微绿,细如蚁,称为"绿蚁"。陆游诗:"朱颜不老画中人,绿酒追欢梦里身"。

帐幕：古代帝王出行，休息时以帐幕为行宫，称帐殿。又，帐篷、营帐之意。唐雍陶《赠金河戍客》诗："戍远旌幡少，年深帐幕低。"

青灯：亦作"青镫"。光线青荧的油灯。宋陆游《秋夜读书每以二鼓尽为节》诗："白发无情侵老境，青灯有味似儿时。"

兰桌：兰舟。唐张松龄《渔父》词之八："兰桌快，草衣轻，只钓鲈鱼不钓名。"

曲水：古人于农历三月上巳日就水滨宴饮，认为可祓除不祥，后人因引水环曲成渠，流觞取饮，相与为乐，称为曲水。此处借指环绕的溪流。

笔者遂《再韵杜师〈述怀〉》。

　　高楼风雨不伤春，拍遍栏杆暮再晨。
　　横望山青雾里小，胭脂水赤酒醅新。
　　淮阴傲蔑承恩诏，通海漂沦憔悴尘。
　　少小已非投笔吏，论功剩咏簪花人。

第二联有杜师和笔者本事。俟今后再解。

高风记于 2020 年 2 月闭门读书时节

桃李春风一杯酒　江湖夜雨十年灯·苏克

后记二　时节因缘俱凑巧

"时节因缘俱凑巧[①]",这是万历三十八年(1610)状元、浙江湖州人韩敬,于1626年夜宿石㵗时写下的一句词。

这本薄薄的小书,能够成文、出版,对于编著者的心情,用韩状元这句词概括,是比较合适的。

2017年8月,本人从苏州回南京途中,自撰八句偈语,末两句是"白下无想,妙有天真"。

"白下无想"四个字,第一层意思,当时是提醒自己,到了南京(白下),不要多想。

不数日,获赠两本书:《无想山南》和《溧水县志》。

县志是上海古籍出版社2016年新版的顺治版点校本。读了以后,对今日溧水的城市口号"天生溧水,自然无想",增加了一份理解、亲切和向往。天生桥,还有一半是人力的;无想山,则全部是天然的了。恰是"妙有天真"。

今年(2019)年初,石㵗樊斌先生交给我一部《石㵗镇志》(征求意见稿),让我体会体会石㵗历史的魅力。

果然,内容之丰富,和前几年在苏州时读到的《黄埭镇志》有相似之处(黄埭是"战国四公子"之一的楚国春申君黄歇的封地)。

一个街道(镇),能够让李白、杨万里驻足留诗;能够让"文苑尊宿"林古度隐居三十多年,而林古度能让钱谦益默然心服,让顾炎武、黄宗羲、王士禛膜拜赠诗。这真是一个有神奇人物的神奇地方。

于是我尝试着把石㵗的传统文化部分,单列出来,独立成篇,写了几篇

[①] 韩敬《题明觉寺》。可参阅本书有关篇章。

小文,在"维石科创"的微信公众号和微信朋友圈发送(也因为这个原因,篇与篇之间,文气不尽统一)。选题的标准,是在中国通史、思想史、文学史、工艺美术史上,能够进入教科书的人物,他们和石湫的关联。

要有文字的依据,如诗文、谱牒等。

其他经济发展类的内容、能够用数字表达的内容,可以在每年的各种年鉴和工作报告中看到,而且更加权威和时效。所以暂不涉及。

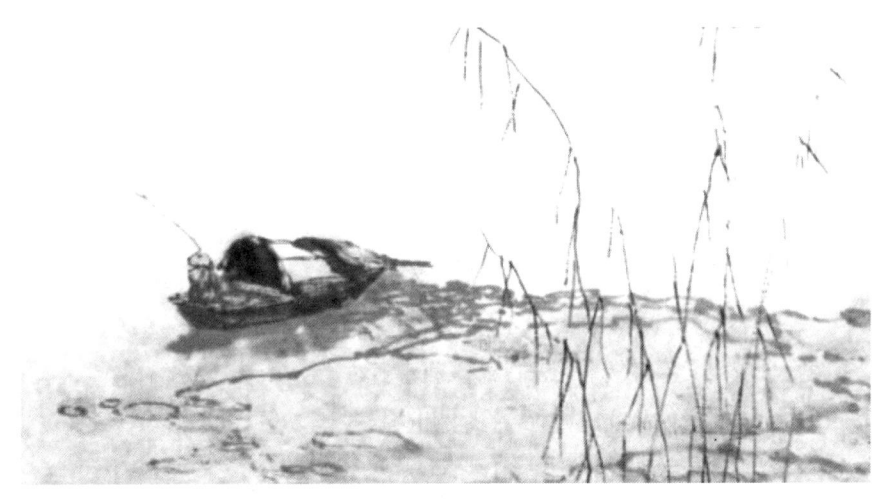

孤舟独钓·小庆

和古人的对话是一种愉快的体验。自然科技的发展,使现代人拥有了古人不曾体验过的快捷生活。古人的田园牧歌,却也是现代人向往的。

心比较大,要写教科书上的人物;学力是否配套,是个问题。后来有了结集成书的因缘,更加惴惴不安。以鲁钝之资、鄙陋之学,想要意会、言传千百年来高才博学的风流人物,难免会顾此失彼、挂一漏万。错失之处,敬请有缘者批评指正。除了附录白居易、钱惟演两篇略有演义的成分,其他均按"信史"的标准要求自己。整体上是一本书,每一篇又相对独立,适应随便翻翻的需要。

撰写过程中,为收集、核对资料,也去了不少地方,听到了一些新发生的故事。因此笔者以"次韵杜甫《秋兴八首》"的形式,对本书的缘起、过程稍加记录。

八首诗原来也有序言、注解、后记,太过琐碎,一并删除,仅留地点。虽

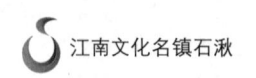

是一本小书,有心人也许可以体会其中的心曲。我又邀请浙江台州王昆同学以书法的形式加以表达,为我们三十年前的合作再添一个新的注脚。

韵是次韵,律非尽律;当作七言古诗一读可也。

一(南京)

戴棘负荆退故林,轻寒微冷意萧森。
碑铭元佑石沉水,观景玄都柳自阴。
无计刘郎裁月魄,有儿卫氏慰天心。
开元白发诗千首,树树啼鸟夜夜砧。

二(石㵰)

横望山西石径斜,酒泉玉乳趁年华。
轨交早辟石㵰线,明觉也开博望槎。
琛岭神灯存旧史,渔舟石臼唱笙筎。
请看上方乱子草,云雾丛中粉黛花。

三(丁山)

拟把金戈挽落晖,南冠吟罢吟式微。
江南秋尽如画里,记得当年草上飞。
元相观越心犹在,白傅司吴算已违。
每到丁山山似蜀,黄州惠州可争肥。

四(溧水东庐山)

由来国手算全棋,数子抛残未足悲。

行到山穷水尽处,恰是峰回路转时。
地角偷活知应早,天命学易醒非迟。
秦源碧波慰冷暖,不教离人起秋思。

五(麒麟)

醉眼欲辨月中山,心气浩茫天地间。
神女应有双飞翼,英雄难过美人关。
孤菊两开黄金蕊,丛蕉一展青玉颜。
可笑北山俗士驾,纷纷逋客草台班。

六(海门)

淮水东边海西头,海门常熟各自秋。
日月珠玑魁星恨,山川锦绣绣娘愁。
慕畴曾记雪宦谱,望虞谁遣江上鸥。
枢机一发动天地,世间始知南通州。

七(木渎天平山)

滇南戍史善论功,功在渔樵评话中。
论到希文两字句,如沐天平满面风。
千嶂落日衡阳雁,与时消息满地红。
真有青山多妩媚,问取湖上李笠翁。

八(苏州)

无有可为只逶迤,有可无为返故陂。

偃子饮河冷暖腹,吉了栖林新旧枝。

行行渐息书剑气,客路偏知岁序移。

怅望千秋一洒泪,剩将彩笔自纪垂。

高风

2019 年 12 月记于平门塔影

2020 年 4 月补记于麒麟山居

跋

◎ 王　牧

自记事以来,就知家中与溧水有着渊源,但印象中那是离南京很遥远,也很贫穷的一个地方。

外祖父卢东海,1949年以前是交通银行的经理。中华人民共和国成立后留用,在人民银行工作。1957年被划为"右派",开始下放在溧水白马劳动,后被安排在溧水食品公司任会计,直至退休方回到南京。

我虽出生南京,但是1971年随父母所在的南京农学院(南京农业大学的前身)迁到扬州,和苏北农学院合并组建江苏农学院,所以我的童年是在扬州度过的。不曾有机会去过溧水。

直至1979年,南京农学院在原校址恢复建制(1984年更名为大学),我们又回到了南京卫岗。自此,每隔一段时间,父母亲会带我去汉府街,坐大巴到溧水去看望外祖父。远远地看到一座歪歪倒倒的砖塔,就知道溧水快到了。

外祖父回城后常说,溧水地多人少,是江南最后一片山清水秀的地方了。加上小时候的经历,我也一直对溧水深有感情。后来,扬州时期的同学,为了爱情,毅然落户溧水,由于经常走动,使我对溧水更充满了向往,一直有一种情怀存在着。

第一次买摩托车的时候,首先开到了无想山、中山水库(1995年);

第一次买汽车的时候,首先开到了胭脂河、天生桥。一直开到汽车的水箱"开锅"(1997年)。

今年,我终于成为一个溧水人。工作在石湫街道科技创业中心。能够参与科创中心和大学新城的建设,对我来说,更多的是一份情感,是一种心

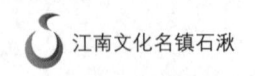

甘情愿的付出。

所以,在做好"科技石㵳""创新石㵳"的同时,我又邀请我的同学高风一起参与"文化石㵳"的工作,于是,便有了现在呈现在这里的《江南文化名镇石㵳》一书。

高风兄1994年就以古典手法(章回体连载),写作现代题材(世界杯足球赛),从而使《金陵晚报》风靡一时。那时我也在报社工作,可算同事加同学。今年再度合作,可以说是旧梦重温、再续前缘、其乐融融。

本书的目的是挖掘整理石㵳历史文化遗产,使更多的朋友了解石㵳、爱上石㵳、爱上溧水。我相信高风兄已经爱上石㵳了;我也相信以高风兄金融学加上历史学的学养、功力,是能够完成这一目标的。但究竟效果如何,是要交给读者评说的。就像汤鹏铁画一样:具与它日好事供讹评。我建议他把后记中的《秋兴八首》的注解加上,他拒绝了,认为太过个人化了。那么今后如有机会,我再发掘这背后的故事。如果还有什么不足的地方,请先追究我这个策题人的责任吧。

石㵳地铁站

再次感谢诸位先生对本书的帮助：

潘小庆（插图）

张苏克（篆刻）

黄征（篆刻）

王昆（书法）

刘斌（制泥）

崔娟（制壶）

王超鹏（陶刻）

高春（制图）

王洪斌（藏品提供）

许敏（藏品提供）

2020 年 4 月

参考文献

公开出版物：

《溧水县志》(万历)，凤凰出版社，2019年10月第一版
《溧水县志》(顺治)，上海古籍出版社，2016年12月第一版
《溧水县志》(光绪)，凤凰出版社，2018年10月第一版
《溧水旧影》，中国文史出版社，2016年9月第一版
《溧水历代人物大观》，中国文史出版社，2017年6月第一版
《我眼中的无想山南》，中国文史出版社，2017年7月第一版
《太美九塘》，南京出版社，2017年5月第一版
《读碑帖》，诸荣会著，现代出版社，2014年10月第一版
《全唐诗》，上海古籍出版社，1986年10月第一版
《白居易诗》，崇文书局，2014年9月第一版
《元稹集校注》，上海古籍出版社，2011年12月第一版
《元好问全集》，山西人民出版社，1990年6月第一版
《牧斋有学集》，上海古籍出版社，1996年9月第一版
《陈寅恪集·元白诗笺证稿》，三联书店，2001年5月北京第一版
《陈寅恪集·诗集》，三联书店，2001年5月北京第一版
《陈寅恪集·柳如是别传》，三联书店，2001年5月北京第一版
《中国历代政治得失》，钱穆著，三联书店，2018年10月北京第一版
《卞孝萱文集·元稹年谱》，凤凰出版社，2010年9月第一版
《美的历程》，李泽厚著，三联书店，2009年7月北京第一版

内部出版物：

《溧水抗日斗争史(修订本)》(2014)

《印象溧水》(溧水广播电视台策划编辑,2016)

《横山村揽胜》

《塘窦村风情》

《光明村史话》

《魅力石湫书画展作品集》(2019)

《石湫九塘村调研汇编》(2018)

《石湫镇志》(电子版)

《石湫街道历史文化资源汇编》(电子版)

图书在版编目(CIP)数据

江南文化名镇石㴬 / 高风编著. —南京：南京大学出版社,2020.8
ISBN 978-7-305-23096-7

Ⅰ.①江… Ⅱ.①高… Ⅲ.①乡镇-介绍-南京 Ⅳ.①K925.35

中国版本图书馆 CIP 数据核字(2020)第 148126 号

出版发行	南京大学出版社
社　　址	南京市汉口路 22 号　邮　编　210093
网　　址	http://www.NjupCo.com
出 版 人	金鑫荣
书　　名	江南文化名镇石㴬
编　　著	高　风
责任编辑	李　博
照　　排	南京紫藤制版印务中心
印　　刷	徐州绪权印刷有限公司
开　　本	700 毫米×1000 毫米　1/16　印张 14.75　字数 220 千
版　　次	2020 年 8 月第 1 版　2020 年 8 月第 1 次印刷
ISBN	978-7-305-23096-7
定　　价	58.00 元
发行热线	025-83594756
电子邮箱	Press@NjupCo.com
	Sales@NjupCo.com(市场部)

* 版权所有，侵权必究
* 凡购买南大版图书，如有印装质量问题，请与所购
　图书销售部门联系调换